TOEIC® L&Rテスト 飛躍のナビゲーター Part 1-4

大里秀介・濵﨑潤之輔 著

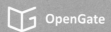 OpenGate

本書に掲載している問題やトレーニングの音声を、スマートフォンや PC にダウンロードできます。

音声が収録されている箇所にはトラック番号を記載しています。

1. abceed アプリ（スマートフォンの場合）

本書の音声は、AI 英語教材アプリ abceed 無料の Free プランでダウンロードして聞くことができます。

〈画面イメージ〉

❶ ページ下の QR コードまたは URL から、無料アプリ abceed（Android / iOS 対応）をダウンロードしてください。

❷ 画面下の「見つける（虫めがねのアイコン）」タブをクリックして、本書タイトルで検索します。表示された書影をタップし、音声の項目を選択すると、音声一覧画面へ遷移します。

❸ 再生したいトラックを選択すると音声が再生できます。また、倍速再生、区間リピートなど、学習に便利な機能がついています。

＊アプリの詳細については www.abceed.com にてご確認ください。

⬇ ダウンロードはこちらから

https://www.abceed.com
abceed は株式会社 Globee の商品です。

アプリについてのお問い合わせ先
info@globeejp.com
（受付時間：平日の 10 時 -18 時）

2. 弊社ホームページ（PC の場合）

下記 URL より弊社・株式会社オープンゲートのホームページにアクセスしていただき、本書の書影をクリックしてください。

https://openg.co.jp/

本書の紹介ページを下方にスクロールして

パソコンへのダウンロードはこちら をクリックしてダウンロードしてください。

お問い合わせ先▶株式会社オープンゲート　Tel. 03-5213-4125（受付時間：平日の 10 時 -18 時）

はじめに

　この度、よりぬきシリーズ Part 5-6 を担当させていただき、その姉妹本としてリスニング編の Part 1, 2 も担当させていただくこととなりました。今回は濱崎さんとの共著、ということで私自身もワクワクしております。

　今回よりぬきシリーズのリスニング編を執筆するにあたり、「よりぬき」というくらいですから、これを覚えておけば鉄板！という問題や、ここで差がつく！という問題を選び抜いて、問題を解くポイントに焦点をしぼりました。今回もよりぬきシリーズ Part 5-6 同様、これまでの受験経験と頻出問題の研究をもとに、「これからレベルアップしようとしている人が、思わず間違ってしまう」「うーんと迷ってしまう」問題のみにターゲットをあてて、その部分を集中的に学習して潰すことで、スコアをグーンと伸ばそう！というコンセプトで作成しております。特に、問題ごとにポイントやパターンを記載していますので、すべてのジャンルというよりは、ひょっとしたら「あ、この問題はあのとき間違ったかも…？」という、既視感だったり、デジャヴや苦い思い出だったりを感じ取るかもしれません。そう思っていただければ、私の狙い通りです。

　このよりぬきシリーズは、レイアウトが分かりやすく、取り組みやすいと大変ご好評をいただいております。今回も、良質な問題について、いかに解説を分かりやすいものにし、力になる復習をしてもらうか、という点を意識した内容をふんだんに詰め込んでいます。加えて、Part 1, 2 のすべての選択肢に、「間違いの選択肢はどうして間違いなのか」という説明を付けました。英語学習は続けることが大事です。できるものはブラッシュアップし、できないものは克服していく、というスタンスで進めれば必ず成長します。

　TOEIC 受験に関しては、昨今の環境が激変し、受験したくても受けられない、受験するにしても準備が十分ではない、という方も多くいらっしゃると思います。本書はどのページから取り組んでも即効性のある内容になっていますので、「どんな状況でもくじけずに学習するぞ！」「これをきっかけに学習に弾みをつけたい！」という方にぜひ手に取ってもらいたい本です。上級者の方にもきっとお役に立つと思います。

　本書を通じて、多くの方がリスニングのスコアアップにつなげていただき、夢がかなえられますことを心より願っております。

2020 年 11 月　大里秀介

この度、オープンゲートさんから大里秀介さんと共に『よりぬき！TOEIC® L&R テスト 飛躍のナビゲーター』シリーズを出版させていただくことになりました。

　Part 3 は会話問題、Part 4 は説明文問題です。
　問題数も両パート合わせて、リスニングセクション全 100 問のうち 69 問、約 7 割を占めます。
　この両パートで求められる力は、当然のことながらリスニング力です。
　これに加えて、設問と選択肢を読んで瞬時に理解することが可能な読解力。
　そして、限られた時間の中で、冷静に正解を選択してマークする解答力。
　このような力が求められるパートだといえます。

　Part 3 と Part 4 を確実に攻略するための「王道」を明確に提示し、きちんと実力を上げていくには何をすればいいのか。
　どのようなことを知っていればいいのか。
　どんなトレーニングをすればいいのか。
　それらが明瞭に読者のみなさまに伝わるよう工夫して本書を制作しました。

　扱っている会話や説明文の種類はそれほど多くはありませんが、出題されるほぼすべてのパターンの問題に対応できるような問題を厳選して掲載し、しっかりと最新の出題傾向に合わせた内容に仕上げています。
　TOEIC® L&R テストに出題される英文に正面から向き合い、無駄なく効率よく「聞いて解く」ことができるようになるエッセンスをコンパクトに詰め込んだ 1 冊になっています。

　本書を使って繰り返し学習し、トレーニングを積めば、必ずやあなたのリスニング力は向上し、正答率も飛躍的に上がるはずだと自負しています。
　本書を何回も何回も繰り返してお使いいただくことにより、学ぶたびに新たな気づきを得ることができるはずです。
　目標までの道のりは決して短くはありませんが、最後まであなたが「学びぬく」ことができますよう、心より応援しています。

　がんばっていきましょう。

2020 年 11 月　濵﨑潤之輔

CONTENTS

Chapter 1

よりぬき！テスト

問題

解答一覧 ……………………………………………………………… 28

解説

Chapter 2

Part 1-4の概要・攻略法＆トレーニング

Chapter

3

確認テスト

問題

解答一覧 ……………………………………………… 258

解説

TOEIC® L&R テストについて

TOEIC とは、Test of English for International Communication の略称で、英語を母国語としない人を対象とした、英語によるコミュニケーション能力を測定するテストです。アメリカの非営利機関 ETS（Educational Testing Service）が開発・制作しています。世界各国で実施されており、日本では年間 200 万人以上が受験しています。L&R は Listening and Reading の略で、英語で「聞く」「読む」力を測ります。

◎全国約 80 都市で実施されます
◎テストはすべて英文で構成されています
◎解答方法は全問マークシート方式です
◎合格・不合格ではなく、10〜990 点のスコアで評価されます

L&R テストはリスニングセクションとリーディングセクションの 2 つで構成されており、途中休憩なしの 2 時間で Part 1 から Part 7 まで全 200 問を解答します。

Listening（約 45 分間・100 問）	Part 1	写真描写問題	6 問
	Part 2	応答問題	25 問
	Part 3	会話問題	39 問
	Part 4	説明文問題	30 問
Reading（75 分間・100 問）	Part 5	短文穴埋め問題	30 問
	Part 6	長文穴埋め問題	16 問
	Part 7	読解問題	54 問

申し込み方法等、受験に関する詳細は公式サイトをご覧ください。

● 一般財団法人 国際ビジネスコミュニケーション協会（IIBC）TOEIC 公式サイト
https://www.iibc-global.org/toeic.html

● 問い合わせ先

IIBC 試験運営センター

〒100-0014

東京都千代田区永田町 2-14-2　山王グランドビル

電話：03-5521-6033　FAX：03-3581-4783

（土・日・祝日・年末年始を除く 10：00〜17：00）

名古屋事務所

電話：052-220-0286

（土・日・祝日・年末年始を除く 10：00〜17：00）

大阪事務所

電話：06-6258-0224

（土・日・祝日・年末年始を除く 10：00〜17：00）

Part 1

テスト形式

写真描写問題。

設問は No. 1〜No. 6 まで、合計 6 問出題されます。

写真を見て、それを正しく描写している英文を 4 つの選択肢から選ぶ問題です。

選択肢は問題用紙に印刷されておらず、写真を見て、英文を聞いて解答します。

特　徴

1 人の人物写真、複数の人物写真、オフィス、店舗内、公園等の人が写っていない風景問題が出題されます。文法については、現在形、進行形、現在完了形を能動態、受動態に分けて使われています。

Part 2

テスト形式

応答問題。

設問は No. 7〜No. 31 まで、合計 25 問出題されます。

問題文、選択肢は問題用紙に印刷されていません。

問いかけとそれに対する 3 つの応答が流れ、最も適切なものを選ぶ問題です。

特　徴

問題文のタイプは、おおよそ次のとおりです。それぞれの詳細は Chapter 2 で説明しています。

- ・WH 疑問文
- ・Yes/No 疑問文
- ・依頼・勧誘・申し出
- ・平叙文
- ・否定、間接疑問文
- ・選択疑問文

Part 3

会話問題。

設問は No. 32〜No. 70 まで、合計 13 セット（39 問）出題されます。

2 人または 3 人の会話を聞いて、内容に関する 3 つの設問に答える問題です。

問題冊子には設問と選択肢が印刷されています。

各設問は、WH 疑問詞の問題、意図問題、図表問題の 3 つに分類されます。WH 疑問詞の問題では、概要を問う問題、詳細を問う問題、次の行動、依頼や、提案、勧誘、申し出などを問う設問が出題されます。それぞれの詳細は Chapter 2 で説明しています。

Part 4

説明文問題。

設問は No. 71〜No. 100 まで、合計 10 セット（30 問）出題されます。

1 人の人物のトークを聞いて、内容に関する 3 つの設問に答える問題です。

問題冊子には設問と選択肢が印刷されています。

問題タイプは Part 3 と同様です。

＊本書ではすべてのパートで No. 1 から問題をスタートしています。

本書の構成と使い方

■ 本書の構成

本書では、TOEIC® L&R テスト Part 1-4 のスコアアップを目指すための「解き方」や「トレーニング」を以下の流れに従って学習します。

Chapter 1

❶ よりぬき！テストの問題を解く！

❷ 解説を読んで解き方のポイントを学ぶ！

Chapter 2

❶ Part 1-4 の概要を理解する！

❷ Part 1-4 の攻略法を知る！

❸ Part 1-4 のトレーニング方法を身につける！

❹ トレーニング問題を解く！

❺ トレーニング問題を使ってトレーニングを実践する！

Chapter 3

❶ 確認テストの問題を解く！

❷ 解説を読んで解き方のポイントを学ぶ！

Chapter 1

最初に、「よりぬき！テスト」を解き、解説を確認します。

この「よりぬき！テスト」は、TOEIC スコア 500〜730 の学習者が間違えやすい問題を、データを基に分析・厳選しています。

Part 1：3 問、Part 2：16 問、Part 3：7 セット（21 問）、Part 4：6 セット（18 問）

Chapter 2

【Part 1-4 の概要】

Part 1-4 で出題される問題タイプ等、概要を掴みます。

【Part 1-4 の攻略法】

問題タイプごとの攻略法を学習します。

【スコア飛躍のトレーニング】

Part 1-4 のトレーニング方法を学び、「よりぬき！テスト」の問題・解説（各パートにつき 3 問）を使ってシミュレーションします。本書では、学んだトレーニング方法をすぐに始めやすいような素材をご用意しています。

【トレーニング問題・解説】

「問題を解く→解いた問題と解説を使ってトレーニングする」という流れを実践します。

Part 1：6 問、Part 2：24 問、Part 3：14 セット（42 問）、Part 4：10 セット（30 問）

Chapter 3

Chapter 1 の「よりぬき！テスト」と同じ問題数の「確認テスト」を解き、解説を確認します。Chapter 1 で間違えたタイプの問題を、Chapter 2 のトレーニングを実践したことで克服できているか、チェックしましょう。

間違えてしまったタイプの問題は、繰り返しトレーニングに取り組んでください。

Part 1：3 問、Part 2：16 問、Part 3：7 セット（21 問）、Part 4：6 セット（18 問）

■ 本書の使い方

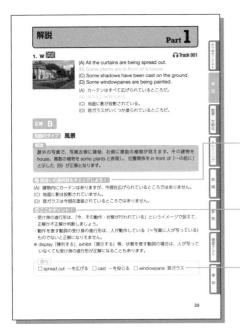

Part 1, 2
解説の流れ：スクリプト⇒日本語訳⇒
正解⇒問題のタイプ⇒解説⇒間違いの
選択肢をチェックしよう！⇒ここがポ
イント！⇒語句

間違いの選択肢が「どうして間
違いなのか」を説明

各設問で気を付けるポイントや
押さえておくべきことを再確認

確認しておくべき語句

Part 3, 4
解説の流れ：スクリプト⇒日本語訳⇒
語句⇒設問・選択肢⇒日本語訳⇒正解
⇒問題のタイプ⇒解説⇒会話/トーク
→選択肢の言い換え⇒ One-up

会話/トークと選択肢の言い換
え部分を確認

One-up コーナーで知っておく
べき情報などを整理

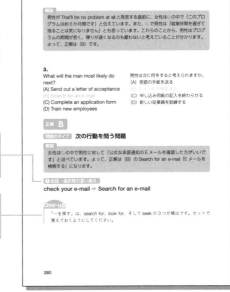

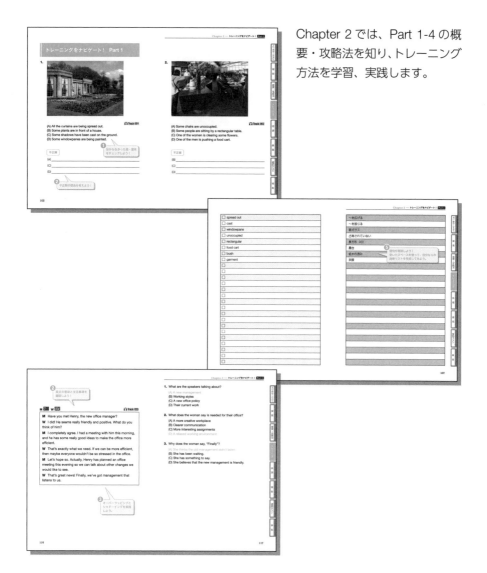

Chapter 2 では、Part 1-4 の概要・攻略法を知り、トレーニング方法を学習、実践します。

■ 特典音声について

本書では一部の問題で、中級レベルの学習者が苦手としているイギリス英語・オーストラリア英語の読み直し音声を特典としてご用意しました。特典音声は、各トラック番号に「**sp**」とついたものをお聞きください。

アメリカ人女性→イギリス人女性、カナダ人男性→オーストラリア人男性で読み直しをしています。

よりぬき！テスト
問題・解説

1.

2.

3.

よりぬき！テスト

解説

概要・攻略法

トレーニング

問題

解説

確認テスト

解説

🎧 Track 004-019

1. Mark your answer on your answer sheet.

2. Mark your answer on your answer sheet.

3. Mark your answer on your answer sheet.

4. Mark your answer on your answer sheet.

5. Mark your answer on your answer sheet.

6. Mark your answer on your answer sheet.

7. Mark your answer on your answer sheet.

8. Mark your answer on your answer sheet.

9. Mark your answer on your answer sheet.

10. Mark your answer on your answer sheet.

11. Mark your answer on your answer sheet.

12. Mark your answer on your answer sheet.

13. Mark your answer on your answer sheet.

14. Mark your answer on your answer sheet.

15. Mark your answer on your answer sheet.

16. Mark your answer on your answer sheet.

よりぬき！テスト

Part 3

よりぬき！テスト
解説
概要・攻略法
トレーニング
問題
解説
確認テスト
解説

🎧 Track 020-026

1. What are the speakers talking about?

(A) A new management
(B) Working styles
(C) A new office policy
(D) Their current work

2. What does the woman say is needed for their office?

(A) A more creative workplace
(B) Clearer communication
(C) More interesting assignments
(D) A relaxed working environment

3. Why does the woman say, "Finally"?

(A) She thinks the old management didn't listen.
(B) She has been waiting.
(C) She has something to say.
(D) She believes that the new management is friendly.

4. Where most likely are the speakers?

(A) At a beverage factory
(B) At a hospital
(C) At a campsite
(D) At a school

5. What does the woman want the man to do?

(A) Clean the floor
(B) Go to the cafeteria
(C) Join her for lunch
(D) Tidy up her office

6. What does the woman imply when she says, "I've never thought about that"?

(A) The men don't do their work easily.
(B) The men work every day.
(C) The men want to help.
(D) The men are friendly.

7. Why are they attending a conference?

(A) To visit New York City
(B) To give presentations to their clients
(C) To decide on next year's business plan
(D) To meet with their coworkers

8. According to the man, what is the woman good at?

(A) Being friendly
(B) Arranging large events
(C) Giving presentations
(D) Finding the cheapest rates

9. What does the man mean when he says, "I'm really nervous about it"?

(A) He would rather not think about his presentation.
(B) The conference is a bad idea.
(C) His plan has changed.
(D) He won't give a presentation.

10. Who most likely is the man?

(A) A section manager
(B) A Web site designer
(C) A travel agent
(D) A recruitment consultant

11. What benefit does the man highlight?

(A) Reduced travel expenses
(B) Greater employee satisfaction
(C) Better connection speeds
(D) Simpler navigation controls

12. What will the woman likely do next?

(A) Talk with senior staff
(B) Upload data
(C) Evaluate software
(D) Purchase equipment

Central Tower Directory	
Elevator A	Floors 1-20
Elevator B	Floors 21-40
Elevator C	Floors 41-60
Elevator D	Floors 61-80

Order form		
Item 1	Tulips (yellow)	45
Item 2	Roses (red)	50
Item 3	Violets	35
Item 4	Narcissus	60

13. Why is the man visiting the building?

(A) To ask about a schedule
(B) To give a receptionist a ride
(C) To deliver a package
(D) To have a meeting

14. Why is the man early?

(A) He finished a task ahead of schedule.
(B) He took an express train to the city.
(C) He received an urgent client e-mail.
(D) He avoided a downtown traffic jam.

15. Look at the graphic. Which elevator is the man going to take?

(A) Elevator A
(B) Elevator B
(C) Elevator C
(D) Elevator D

16. What problem does the woman mention?

(A) She forgot an appointment.
(B) She misplaced a service invoice.
(C) She gave the wrong information.
(D) She deleted a business document.

17. What does the man say he will do in the afternoon tomorrow?

(A) Go to a supplier
(B) Call a customer
(C) Repair some equipment
(D) Create an arrangement

18. Look at the graphic. Which item has been changed?

(A) Item 1
(B) Item 2
(C) Item 3
(D) Item 4

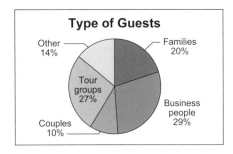

Type of Guests

Other 14%
Families 20%
Tour groups 27%
Business people 29%
Couples 10%

19. Look at the graphic. Which sector is expanding?

(A) Families
(B) Business people
(C) Couples
(D) Tour groups

20. According to the man, how has the city changed?

(A) Many more hotels have been opened.
(B) There are more business events.
(C) Nature parks are attracting more visitors.
(D) The population has increased.

21. What does the woman suggest?

(A) Improving guest facilities
(B) Forming local partnerships
(C) Gathering guest feedback
(D) Reviewing marketing strategies

🎧 Track 027-032

1. In which department does the speaker most likely work?

(A) Human Resources
(B) Research and Development
(C) Operations
(D) Security

2. Why does the speaker say, "We have to gain control of this situation"?

(A) A trend cannot be allowed to continue.
(B) A facility has some dangerous materials.
(C) A change has to be explained to staff.
(D) A reorganization of the company is necessary.

3. What credentials does the speaker mention?

(A) Length of service at the company
(B) Access to certain technologies
(C) Knowledge of a field
(D) Experience in training

4. What is the broadcast mainly about?

(A) A store opening
(B) A charity dinner
(C) A trade show
(D) A sporting event

5. Why does the speaker say, "There are still ways to help"?

(A) To encourage people to give some money
(B) To assure that there are several roads to the park
(C) To complain about the low public participation
(D) To ask more volunteers to sign up for a group

6. What will the speaker most likely do next?

(A) Begin an advertisement
(B) Play some music
(C) Read the news
(D) Provide a weather report

7. Who is the message intended for?

(A) A car parts supplier
(B) A potential customer
(C) A motoring journalist
(D) A colleague of the speaker

8. Why is the man calling?

(A) To apologize for a delay
(B) To confirm an appointment
(C) To request more information
(D) To offer transportation

9. What will happen at the end of the month?

(A) The speaker will begin a business trip.
(B) A new product will be launched.
(C) A schedule will return to normal.
(D) A promotional offer will expire.

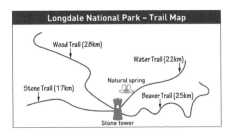

Longdale National Park – Trail Map

Wood Trail (28km)
Water Trail (22km)
Natural spring
Stone Trail (17km)
Beaver Trail (25km)
Stone tower

10. Look at the graphic. Which trail will the listeners take?

(A) Stone Trail
(B) Wood Trail
(C) Water Trail
(D) Beaver Trail

11. What does the speaker say about Longdale National Park?

(A) It was opened 100 years ago.
(B) It is connected to another park.
(C) It is operated by volunteers.
(D) It will soon close for the season.

12. What should the listeners do in fifteen minutes?

(A) Collect their equipment
(B) Decide what to eat
(C) Assemble at the stone tower
(D) Bring their cameras

Client: Oricone Tech Systems	
Project: Full office cleaning	
Job 1	Clean staff kitchen
Job 2	Polish wooden floor
Job 3	Wash windows
Job 4	Clean staff toilets

13. According to the speaker, why is the client happy?

(A) Extra work will be carried out for free.
(B) A job was done well.
(C) Cleaning products were cheap.
(D) A project will begin early.

14. Look at the graphic. What job should be started tomorrow?

(A) Job 1
(B) Job 2
(C) Job 3
(D) Job 4

15. What will the speaker do later?

(A) Confirm payment with the client
(B) Visit the listener at the work site
(C) Send details of another project
(D) Rearrange a schedule

16. What is happening?

(A) A design meeting
(B) Production scheduling
(C) Consumer evaluation
(D) New product brainstorming

17. Look at the graphic. Which product will be focused on first?

(A) Product 1
(B) Product 2
(C) Product 3
(D) Product 4

18. What are the listeners asked to do?

(A) Go to their assigned places
(B) Open a specific package
(C) Organize themselves into groups
(D) Submit their comment sheets

Chapter 1　解答一覧

Part 1	正答
1	B
2	A
3	B

Part 2	正答
1	B
2	A
3	B
4	A
5	C
6	B
7	B
8	A
9	B
10	B
11	C
12	A
13	A
14	C
15	C
16	A

Part 3	正答
1	A
2	D
3	A
4	B
5	A
6	A
7	D
8	B
9	A
10	D
11	A
12	C
13	D
14	A
15	D
16	C
17	D
18	B
19	B
20	B
21	D

Part 4	正答
1	C
2	A
3	C
4	D
5	A
6	A
7	B
8	B
9	D
10	B
11	B
12	C
13	B
14	D
15	C
16	C
17	B
18	A

解説

1. W

(A) All the curtains are being spread out.
(B) Some plants are in front of a house.
(C) Some shadows have been cast on the ground.
(D) Some windowpanes are being painted.

(A) カーテンはすべて広げられているところだ。
(B) 家の前に植物がある。
(C) 地面に影が投影されている。
(D) 窓ガラスがいくつか塗られているところだ。

正解 B

問題のタイプ　風景

解説

屋外の写真で、写真左側に建物、右側に複数の植物が見えます。その建物をhouse、複数の植物を some plants と表現し、位置関係を in front of「〜の前に」と示した (B) が正解となります。

✔ 間違いの選択肢もチェックしよう！

(A) 建物内にカーテンはありますが、今現在広げられているところではありません。
(C) 地面に影は投影されていません。
(D) 窓ガラスは今現在塗装されているところではありません。

➡ ここがポイント！

・受け身の進行形は、「今、その動作・状態が行われている」というイメージで捉えて、正解か不正解か判断しましょう。
・動作を表す動詞の受け身の進行形は、人が動作している（＝写真に人が写っている）ものでないと正解になりえません。
※ display「陳列する」, exhibit「展示する」等、状態を表す動詞の場合は、人が写っていなくても受け身の進行形が正解になることもあります。

--- 語句 ---
□ spread out 〜を広げる　□ cast 〜を投じる　□ windowpane 窓ガラス

2. W

(A) Some chairs are unoccupied.
(B) Some people are sitting by a rectangular table.
(C) One of the women is clearing some flowers.
(D) One of the men is pushing a food cart.

(A) いくつか空いている椅子がある。
(B) 長方形のテーブルのそばに人が座っている。
(C) 女性の一人が花を取り除いている。
(D) 男性の一人が屋台を押している。

正解　A

問題のタイプ　複数の人物

解説

カフェテリアのような場所で、複数の人が立ったり座ったりしている写真です。写真右側を見ると、占有されていない椅子がありますので、その状態を unoccupied と表現した (A) が正解です。座席や場所が占有されていない場合は、この語が用いられることがよくあります。

✓ 間違いの選択肢もチェックしよう！

(B) 人々が座っているのは丸いテーブル（round tables）なので不正解です。
(C) 花の近くに人がいますが、この写真で clear「取り除く、片付ける」とは言えません。
(D) food cart（屋台）を押している人はいません。

➡ ここがポイント！

・「unoccupied ＝占有されていない」は、座席やスペースが空いている描写に用いられます。

語句
- □ unoccupied　占有されていない　□ rectangular　長方形（の）
- □ food cart　屋台

3. M

🎧 Track 003

(A) The stairs have been blocked by a bush.
(B) A table has been placed between two beds.
(C) A special menu is being served.
(D) A garment is on a round table.

(A) 階段が低木の茂みで遮られている。
(B) 2つのベッドの間にテーブルが置かれている。
(C) 特別メニューが提供されているところだ。
(D) 丸いテーブルの上に衣服がある。

正解 B

問題のタイプ　風景

解説

写真にはベットが2つあり、その真ん中に丸テーブルがあります。その丸テーブルが「2つのベッドの間にある」という「位置」を between を使って描写した (B) が正解です。現在完了形なので、ずっと置かれている状況を示していますが、現在形として A table is placed...と表現することもできます。

✅ 間違いの選択肢もチェックしよう！

(A) 写真には低木の茂みのようなものは見当たりません。
(C) 写真内で、今現在提供されているような描写はありません。
　　※ menu は通常「メニュー表」ですが、A special menu is served. は、特別メニューであるものが提供されている、という意味になります。
(D) 丸いテーブルの上に衣服はありません。

➡ ここがポイント！

・受け身の現在進行形 is (are) being と受け身の現在完了形 has (have) been をしっかり聞き分けられるようにしましょう。

語句
□ bush 低木の茂み　□ garment 衣服

よりぬき！テスト　解説　概要・攻略法　トレーニング　問題　解説　確認テスト　解説

31

解説

Part 2

1. M 🇨🇦 W 🇺🇸

🎧 Track 004

When do we usually receive shipments?

(A) You should already have a receipt.

(B) Oh, did you order something?

(C) Mr. Wang did it at 5 P.M.

通常はいつ荷物を受け取りますか。

(A) もうレシートを受け取っているはずです。

(B) あら、何か注文したのですか。

(C) Wang さんは午後 5 時にそれをしました。

正解　B

問題のタイプ　WH 疑問文（When）

解説

When ～ ? と、通常配送品を受け取る《時》が問われています。それに対して具体的な日時で答えるのではなく、「何か注文したのですか」と受け取る時間帯を知りたい背景について逆に質問している（B）が自然な応答として正解です。WH 疑問文に対して、その尋ねたい理由を質問返しするパターンは時折出題されます。

✔ 間違いの選択肢もチェックしよう！

(A) receipt（領収書）と関連する語を使って応答していますが意味が成立しません。receive と receipt の音トリックにもなっています。

(C) When の質問に対して Wang と音トリックを使用しています。また、「通常は」と聞かれたことに対して過去形で答えており、時制上意味が通りません。

➡ ここがポイント！

・WH 疑問文に対して、その背景を尋ねるような質問返しに気を付けましょう。

・音トリックに注意！（receive ⇔ receipt, When ⇔ Wang）

語句

□ shipment（発送する）荷物

---

2. W 🇬🇧 M 🇦🇺

🎧 Track 005

I'm afraid I couldn't make it to the meeting.

(A) I'll e-mail you later.

(B) We are making another one next week.

(C) OK. See you then.

残念ながら会議に行けませんでした。

(A) 後であなたにメールします。

(B) 私たちは来週別のものを作ります。

(C) 分かりました。その時お会いしましょう。

正解 **A**

問題のタイプ **平叙文（伝達・報告）**

解説

「残念ながら会議に行けませんでした」と伝えています。これに対して「後でメールします」と、会議終了後のフィードバックを申し出ている（A）が自然な応答として正解です。何かできないことに対して「代わりにやる」「後でフィードバックする」と申し出る、というパターンで押さえておきましょう。

✓ 間違いの選択肢もチェックしよう！

(B) 別のものをしよう（作ろう）としている、と言っていますが、「会議に参加できなかった」こと自体に応答していないので意味が通りません。

(C) 「分かった」と言っていますが、会議に出ないのに、「その時会いましょう」では意味が通りません。

⊃ ここがポイント！

・「できない」に対し、「私が～しましょうか？／します」との申し出パターンを押さえましょう。

語句

☐ make it to ～に行く（= come to）

33

3. M 🇦🇺 M 🇨🇦

🎧 Track 006

Could you please give me access to the Anderson accounts?

(A) It's 40 Westchester road, New York.

(B) I'll need permission from my manager.

(C) Sure, it's 50 percent.

Anderson さんのアカウントへのアクセス権をいただけませんか。

(A) それはニューヨークの 40 Westchester 通りです。

(B) マネージャーからの許可が必要です。

(C) もちろんです、それは 50 パーセントです。

正解 B

問題のタイプ 依頼

解説

> Could you ～ ? で、あるアカウントに対するアクセス権をつけてほしい依頼をしています。それに対して、「上司の許可が必要」と、アクセス権をつける条件を提示している (B) が自然な応答として正解です。依頼に対して、即座に OK するのではなく、OK するための条件を提示しているパターンとなります。

✓ 間違いの選択肢もチェックしよう！

(A) ある都市の場所を答えているので、依頼に対する応答として不適切です。

(C) 冒頭の Sure で承諾しているものの、その後の 50 percent が質問に対して意味が通りません。

➡ ここがポイント！

・「依頼」→「承諾の前の条件提示」という間接応答に気が付けるようになりましょう。

語句
　□ access to ～にアクセス（接続）する権利　□ permission 許可

4. W 🇺🇸 W 🇬🇧

How do I make a complaint?　　　　　どのようにして苦情を言えますか。
(A) Contact customer services.　　　　(A) お客様相談係に連絡してください。
(B) Keep going until the end.　　　　　(B) 終わりまで続けてください。
(C) That's not complete.　　　　　　　(C) それは完全ではありません。

正解　A

問題のタイプ　WH 疑問文（How）

解説

How〜? で、苦情を言う手段を尋ねています。それに対して「お客様相談係に連絡してください」と連絡先を指示している (A) が正解となります。(A) も (B) も命令形で指示していますが、この場合は意味を取って、どちらがふさわしいかチェックしましょう。

✔ 間違いの選択肢もチェックしよう！

(B) 「終わりまで続けて」と言っていますが、何を続けるか明確ではなく、質問に対する応答として適切とは言えません。
(C) 質問の手段に対しての応答とは言えず、また完全でないものは何か判然としません。

➡ ここがポイント！

・How（手段）に対しては、「どうするか」に対応したものを選びます。
・命令形が選択肢に複数ある場合は意味で選択しましょう。

語句
□ make a complaint　苦情を言う

5. M 🇨🇦 W 🇬🇧

🎧 Track 008

It seems that they are going to
increase the staff by 50 percent.
(A) What stuff should we keep?
(B) Yes, we have too many people.
(C) They're seriously considering it.

彼らは 50 パーセント人員を増やしそうで
すね。
(A) どのような物を取っておくべきですか。
(B) はい、私たちには人員が多すぎます。
(C) 彼らはそれを真剣に考えているとこ
ろです。

正解 C

問題のタイプ 平叙文（伝達・報告）

解説

「彼らは 50 パーセント人員を増やしそうですね」と報告しています。それに対して
「彼らはそれ（彼らが人員を増やすこと）を真剣に考えている」と、報告された情
報を既に知っていて、それについて彼らは検討に入っているという現状を返答して
いる（C）が正解です。報告に対して現在どうなっているか、という応答パターン
です。

間違いの選択肢もチェックしよう！

(A) staff と stuff の音トリックになります。stuff は漠然としたモノや物事を意味し、人
　　員とは異なるので、意味が通りません。
(B) Yes と応答していますが、その後「私たちには人員が多すぎる」と人員を増やす意
　　見に対して「現在多い」と返答しているので、人員を増やすことに対する応答とし
　　て不適切です。

ここがポイント！

・報告事項に対して現状を答える、というパターンを掴みましょう。
・音トリックに注意！（staff ⇔ stuff）

語句
□ stuff　物、物事　□ seriously　真剣に

6. W 🇬🇧 M 🇨🇦

I couldn't stay focused in the health and safety training workshop.
(A) You should! Wealth management is important.
(B) Don't worry, you didn't miss anything.
(C) Me too, it was so interesting.

安全衛生の講習会に集中できませんでした。
(A) そのはずです！資産管理は重要です。
(B) 心配しないでください、何も聞き逃していないですよ。
(C) 私もです、それはとても興味深かったです。

正解 B

問題のタイプ 平叙文（心配事）

解説

「講習会に集中できませんでした」と心配事を伝えているのに対し、「何も聞き逃していないから心配しないでください」と、習得状況について問題ないことを伝えている（B）が正解となります。心配事に対して、フォローしているパターンです。なお、冒頭の "stay focused" の stay は第2文型の動詞で、be focused（集中している）と同じ意味です。

✓ 間違いの選択肢もチェックしよう！

(A) health と wealth の音トリックになります。冒頭の You should は「そのはず」と賛同しているように聞こえますが、その後の「資産管理は重要」は、冒頭の切り出しに対して関連のない応答です。
(C) 「私も」と同意していますが、その後「それ（集中できなかったこと）は興味深かった」とネガティブなことを好意的に返答しており、応答として適切とは言えません。

➡ここがポイント！

・心配事に対して、フォローしているパターンを押さえておきましょう。
・音トリックに注意！（health ⇔ wealth）

語句
□ stay focused 集中する　□ health and safety 安全衛生
□ training workshop 研修　□ wealth management 資産管理

7. M 🇦🇺 M 🇨🇦

How did you find investors to start your business?

(A) A huge investment of time and effort.

(B) They were friends from school.

(C) We've only got three stars.

事業を始めるためにどのようにして投資家を見つけましたか。

(A) 莫大な時間と努力の投資です。

(B) 彼らは学生時代の友人でした。

(C) 三つ星しか獲得できませんでした。

正解　B

問題のタイプ　WH 疑問文（How）

解説

How〜？で、「事業を始めるためにどのようにして投資家を見つけましたか」と手段を尋ねているのに対して「They（＝投資家）＝学生時代の友人だ」と、もともと知り合いであったと返答している（B）が正解となります。人との知り合った経緯を尋ね、「もともと知っていた」という応答パターンです。すでに知っていたと返答する場合、前の会社の同僚、学生時代の友人、というのはよくあるパターンです。

✓ 間違いの選択肢もチェックしよう！

(A) investors と investment の、派生語トリックを使っています。「莫大な時間と努力の投資」という返答では、知り合った経緯を答えていません。

(C) 獲得した星（評価）を返答しており、質問に対する応答として不適切です。

➡ ここがポイント！

・人との知り合った経緯は、「もともと知っていた」というパターンをストックしておきましょう。

・派生語トリックに注意！（investors ⇔ investment）

語句

□ investor 投資家　□ huge 巨大な、莫大な　□ investment 投資

□ friend from school 学生時代の友人

---

8. W 🇺🇸 W 🇬🇧

The new filing system will be
released on Monday.
(A) What will happen to our old
documents?
(B) Where will it go?
(C) I usually don't keep so many
files.

新しい文書保管システムが月曜日に利用
開始されます。
(A) 古い文書はどうなりますか。
(B) それはどこに行きますか。
(C) 私は通常そんなに多くのファイルを
持ちません。

正解 A

問題のタイプ 平叙文（伝達・報告）

解説

「新しい文書保管システムが月曜日に利用開始されます」と伝達しているのに対し、
「古い文書はどうなりますか」と新システム移行に対する質問をしている（A）が自
然な応答として正解となります。新しいものが発売、稼働する場合の懸念を示した
り質問したりするのはよくあるパターンです。

✓ 間違いの選択肢もチェックしよう！

(B) it = The new filing system とすると「システムがどこかに行く」となり、意味が
通らなくなってしまいます。
(C) file という語を使っていますが、システムのリリースに対して、持っているファイ
ルの少なさは関連のない応答です。

➔ここがポイント！

・新しいモノ・コトが起きることに対する、懸念・質問返しのパターンを押さえましょ
う。

9. M 🇨🇦 W 🇺🇸

🎧 Track 012

Please help yourself to some
refreshments while you wait.
(A) What is in the rulebook?
(B) I just ate, thanks.
(C) You could do with some help.

お待ちの間、ご自由に軽食をお召し上が
りください。
(A) ルールブックには何が書かれていま
すか。
(B) ちょうどいただいたばかりです。あ
りがとうございます。
(C) あなたはいくらか助けを借りればでき
るでしょうに。

正解 B

問題のタイプ 勧誘

解説

「ご自由に軽食をお召し上がりください」と勧めているのに対し、「ちょうどいただ
いたばかりです」と御礼とともに伝えている (B) が自然な応答として正解となり
ます。ate は eat の過去形ですね。勧める前に食べてしまっているのもちょっと失
礼な気もしますが、他の誰かに勧められたと想像しましょう…。

✓ 間違いの選択肢もチェックしよう！

(A) 「ルールブック」は話題に関連がなく、勧誘に対する応答として不適切です。
(C) 勧誘してきた人に対して、仮定法の could を使い「～すればできるのに」という
応答は意味が通りません。

➡ ここがポイント！

・勧誘に対し、既に行った旨を返答するパターンをマスターしましょう。

語句

□ help oneself to 自由に～を飲食する、取る □ refreshment 軽食

10. W 🇬🇧 M 🇦🇺

🎧 Track 013

Have you heard about Alex's promotion?
(A) I wasn't interested in the job.
(B) I did, and I'm quite envious.
(C) I only met him last week.

Alex さんの昇進について聞きましたか。
(A) その仕事に興味がありませんでした。
(B) 聞きました、とてもうらやましいです。
(C) 先週彼に会っただけです。

正解 B

問題のタイプ **Yes/No 疑問文**

解説

Have you～? で、「Alex さんの昇進について聞いていたか」を尋ねています。それに対して、I did（＝I heard）と聞いた旨を返答し、「うらやましい」と感想を述べている（B）が自然な応答として正解です。Yes/No で返答せずに、I did で Yes を表していることにも注目しておきましょう。

✅ 間違いの選択肢もチェックしよう！

(A) 昇進に関する質問に対し、職務内容の興味を返答しているため応答として不適切です。
(C) Alex さんに会ったかどうかの返答は質問への応答として関連がなく不適切です。

➡ ここがポイント！

・Yes/No 疑問文に対し、Yes/No を省略し I do/did/don't/didn't/ と返答するパターンを押さえましょう。

語句
□ promotion 昇進　　□ envious うらやましい

11. M 🇦🇺 M 🇨🇦

Track 014

Would you like to join us for our
social night?
(A) I was working all night.
(B) It was quite late, wasn't it?
(C) I've got a report due tomorrow.

夜の懇親会に参加したいですか。
(A) 一晩中仕事をしていました。
(B) とても遅かったですよね。
(C) 明日締め切りのレポートがあります。

正解 C

問題のタイプ 勧誘

解説

Would you like〜？で、「夜の懇親会に参加したいですか」と勧誘しています。それに対して、「明日締め切りのレポートがあります」と、用事があって忙しいことを遠回しに答えている (C) が正解となります。何かの誘いを受けた場合、断る口実として忙しい、もしくは差し迫った用事を挙げることは、TOEIC の Part 2 で「断る」間接応答表現の王道パターンです。

✓ 間違いの選択肢もチェックしよう！

(A) これから予定されているイベントに対して過去のことを返答しているため不適切です。
(B) (A) 同様過去のことについての返答で、こちらも関連がなく不適切です。

➡ ここがポイント！

・イベントの勧誘に対し、用事や忙しいことを挙げ、遠回しに断るパターンを覚えましょう。

語句
□ social 懇親会　□ all night 一晩中　□ due tomorrow 明日締め切りの
---

12. W 🇺🇸 W 🇬🇧

I don't understand the instructions
for this task.

(A) Let me take a look.

(B) You should start immediately.

(C) I wouldn't do that if I were you.

この作業の説明書を理解できません。

(A) 私に見せてください。

(B) すぐに始めるべきです。

(C) 私があなただったらそうしません。

正解 **A**

問題のタイプ **平叙文（心配事）**

解説

「この作業の説明書が理解できません」と心配事を話しているのに対し、「私に見せてください」と、手伝いの申し出をしている（A）が自然な応答として正解です。（A）の表現は直接の解決策にはなっていませんが、この表現ごと覚えておけば、「助けの申し出だな」とピンときやすくなります。実際、困っているときに「ちょっと見せて」と言われると嬉しいですよね。

✅ **間違いの選択肢もチェックしよう！**

(B) 理解できないことに対して「すぐに始めるべき」は、意味が通りません。

(C) ある方法に対して「私ならそうしない」なら意味が通りますが、この場合の that は「理解できない話」を指すこととなり、何をしないのか明確でないため、不適切な応答です。

➡️ **ここがポイント！**

・助けの申し出表現 "Let me take a look." は、丸ごと覚えましょう。

語句

☐ instructions 説明（書） ☐ task 業務、任務 ☐ take a look 見る
☐ immediately すぐに ☐ if I were you もし私があなたなら（仮定法過去表現）

13. M 🇨🇦 W 🇬🇧

🎧 Track 016

Did you manage to find somewhere to park?

(A) John gave me a lift.
(B) Mr. Park finally won the prize.
(C) Yes, it's a lovely gift.

何とかしてどこか駐車する場所を見つけましたか。

（A） John さんが車で送ってくれました。
（B） Park さんが最終的に受賞しました。
（C） はい、素敵な贈り物です。

正解　A

問題のタイプ　Yes/No 疑問文

解説

Yes/No 疑問文で「駐車する場所を見つけましたか」と尋ねています。それに対して「John さんが車で送ってくれました」と、遠回しに「駐車場所を探す必要がなかった」と返答している（A）が正解です。乗り物の手段やそれに関わる質問に対して、「誰かが車で送ってくれた（give me a lift/give me a ride）から、必要なかった」というのは、よくある返答パターンの1つです。

✔ 間違いの選択肢もチェックしよう！

（B） Park の音トリックで、受賞の話題とは関連のない応答です。
（C） こちらも駐車スペースの確保と贈り物は関連のない応答です。

➡ ここがポイント！

・移動手段の質問で、「誰かが車で送ってくれた」は鉄板の応答パターンの1つとして押さえましょう。
・音トリックに注意！（park ⇔ Park）

> 語句
> □ give me a lift/ride 車で送ってくれる　□ win a prize 受賞する
> □ lovely 素敵な

14. W 🇺🇸 M 🇨🇦

You've done a lot of research for
your report, haven't you?
(A) I don't need that many
resources.
(B) No, I'll call the search engine
company.
(C) It didn't take too long, actually.

報告書のためにかなり調査したんですよね。
(A) そんなに多くの援助は必要ありません。
(B) いいえ、検索ソフト会社に電話する
予定です。
(C) 実際はそんなに時間はかかりません
でした。

正解 **C**

問題のタイプ 付加疑問文

解説

付加疑問文で「かなり調査したんですよね」と尋ねています。それに対して、「そんなに時間はかかりませんでした」と返答している（C）が正解です。付加疑問文はとっつきにくい、という方がいるかもしれませんが、Yes/No 疑問文と一緒なので、「かなり調査したんですよね」＝「かなり調査しましたか」で捉えておくと返答を見つけやすくなります。

✅ 間違いの選択肢もチェックしよう！

(A) 今現在の援助の話題は、「これまでたくさん調査したのか」という質問に含まれていないので応答として不適切です。
(B) No と否定（＝かなり調査したこと）していますが、その後が「検索ソフト会社に電話する」と、関連のない応答になっています。research と search の音トリックにも注意しましょう。

➡ ここがポイント！

・付加疑問文は通常の Yes/No 疑問文に置き換えて考えましょう。
・音トリックに注意！（research ⇔ search）

語句

□ resource 援助、資源　□ search engine 検索ソフト
□ take long 時間がかかる

15. M 🇦🇺 W 🇺🇸

We need to cut production costs if we want to stay in business.

(A) We've just produced all we need.

(B) We have enough coats in stock.

(C) How do you suggest we do that?

事業を続けるなら生産コストを削減する必要があります。

(A) 必要な分はちょうどすべて生産しました。

(B) 在庫に十分なコートがあります。

(C) そうするためにはどうしたらいいですか。

正解 C

問題のタイプ 平叙文（意見）

解説

「事業を続けるなら生産コストを削減する必要があります」と意見を述べています。それに対して、「どうしたらよいですか」と、そのための方法について質問をしている (C) が正解です。We need to...と、「…が必要だ」という意見提起に対して、How do you suggest...? という質問返し、で会話が成立することを押さえておきましょう。

✓ 間違いの選択肢もチェックしよう！

(A) コスト削減の提言に対して、現在の生産進捗報告は関連のない応答になります。

(B) コートの在庫に関しても、コスト削減の提言とは関連のない応答となります。

➡ ここがポイント！

・意見提起に対して、「ではどうしたらいいのか（= How do you suggest...?）」という返しで会話が成立するパターンも押さえておきましょう。

語句
□ production cost 生産コスト　□ stay in business 事業を継続する
□ in stock 在庫としてある

16. W 🇺🇸 W 🇬🇧

🎧 Track 019

Didn't you fly in from Germany last week?

(A) Yes, I've still got jetlag.
(B) No, I didn't stay in touch.
(C) I'd rather stay here if you don't mind.

先週ドイツから飛行機で来たのではなかったですか。

(A) はい、まだ時差ぼけなのです。
(B) いいえ、連絡を取り合いませんでした。
(C) もしよろしければここにいたいのですが。

正解 **A**

問題のタイプ **否定疑問文**

解説

否定疑問文で「先週ドイツから飛行機で来たのではなかったですか」と尋ねています。それに対して Yes と応答し「まだ時差ぼけ」である旨を答えている (A) が自然な応答として正解です。否定疑問文は、not がない形、すなわち Did you fly in...? と同じだと捉えると分かりやすいでしょう。

✅ 間違いの選択肢もチェックしよう！

(B) No と応答していますが、連絡を取り合っていないことは質問と関連がありません。
(C) 今ここにいたいかどうかは質問と関連がなく、応答として不適切です。

➡ ここがポイント！

・否定疑問文は否定のない形で捉えて対応しましょう。

語句
☐ jetlag 時差ぼけ ☐ stay in touch 連絡を取り合う
☐ I'd rather どちらかというと〜したい ☐ if you don't mind もしよろしければ

M 🏳 W 🏴 🎧 Track 020

Questions 1 through 3 refer to the following conversation.

M ❶Have you met Henry, the new office manager?

W ❷I did! ❸He seems really friendly and positive. What do you think of him?

M I completely agree. I had a meeting with him this morning, and he has some really good ideas to make the office more efficient.

W ❹That's exactly what we need. ❺If we can be more efficient, then maybe everyone wouldn't be so stressed in the office.

M Let's hope so. ❻Actually, Henry has planned an office meeting this evening so we can talk about other changes we would like to see.

W ❼That's great news! Finally, ❽we've got management that listens to us.

問題 1-3 は次の会話に関するものです。
M 新しいオフィスマネージャーの Henry には会いましたか。
W 会いました！彼はとてもフレンドリーで前向きなように見えました。あなたは彼をどう思いましたか。
M まったく同感です。今朝彼とミーティングがありましたが、オフィスをより効率的にするとても素晴らしい考えをいくつか持っていました。
W それはまさに私たちに必要なものです。私たちがもっと効率的になることができれば、皆オフィスでストレスをあまり感じなくなるでしょう。
M そう願いましょう。実際、私たちが望む他の変更について話せるよう、Henry は今日の夕方にオフィスミーティングを予定しています。
W それは良い知らせですね！ついに、私たちに耳を傾けてくれる管理者がきましたね。

(語句)

☐ seem ～のように見える、思える ☐ positive 前向きだ
☐ completely 完全に ☐ agree 同意する、意見が合う ☐ efficient 効率的な
☐ exactly まさに、その通り ☐ what ～なこと ☐ stressed ストレスを感じる
☐ actually 実際、本当に ☐ plan ～を計画する ☐ finally ついに

1.

What are the speakers talking about?
(A) A new management
(B) Working styles
(C) A new office policy
(D) Their current work

話し手たちは何について話していますか。
(A) 新しい管理者
(B) 働き方
(C) 新しい事務所の方針
(D) 自分たちの現在の仕事

正解 A

問題のタイプ 概要を問う問題

解説

男性は❶で「新しいオフィスマネージャーの Henry には会いましたか」と述べています。これに対して女性は❷と❸で「会いました！彼はとてもフレンドリーで前向きなように見えました」と応答しています。話題となっているのは「新しいオフィスマネージャーの Henry」のことなので、正解は（A）になります。

2.

What does the woman say is needed for their office?
(A) A more creative workplace
(B) Clearer communication
(C) More interesting assignments
(D) A relaxed working environment

女性は何がオフィスに必要だと述べていますか。
(A) より創造性のある職場
(B) より明瞭なコミュニケーション
(C) より興味深い任務
(D) リラックスした職場環境

正解 D

問題のタイプ 詳細を問う問題

解説

設問の内容から、女性の発言にヒントがあるはずだということが分かります。女性は❹で「それはまさに私たちに必要なものです」と述べていて、「それ」に該当するのは直前で述べられている「オフィスを効率的にすること」です。また、❺では「私たちがもっと効率的になることができれば、皆オフィスでストレスをあまり感じなくなるでしょう」と述べています。よって、女性がオフィスにとって必要だと考えていることとは、（D）の A relaxed working environment「リラックスした職場環境」となります。

3.

Why does the woman say, "Finally"?

(A) She thinks the old management didn't listen.
(B) She has been waiting.
(C) She has something to say.
(D) She believes that the new management is friendly.

女性が "Finally" と言うのはなぜですか。

(A) 彼女は古い管理者は聞く耳を持たなかったと考えている。
(B) 彼女は待ち続けている。
(C) 彼女には言いたいことがある。
(D) 彼女は新しい管理者はフレンドリーだと信じている。

正解 **A**

問題のタイプ **意図問題**

解説

男性は❻の中で「私たちが望む他の変更について話せるよう、Henry は今日の夕方にオフィスミーティングを予定しています」と発言しています。これに対して、女性は❼で「それは良い知らせですね！」と応答し、Finally「ついに」を経て❽で「私たちに耳を傾けてくれる管理者がきましたね」と述べています。これらのことから、女性は「(自分たちの) 話を聞いてくれる管理者は今まではいなかった」と考えていたことが分かります。よって、正解は (A) です。

One-up

TOEIC L&R テスト本番では、意図問題の設問には通常、ターゲットとなる「センテンス」が含まれます。本問では「語」をターゲットとしたものになっていますが、今後このような出題がされる可能性をふまえて作問してあります。

W 🇺🇸 M1 🇦🇺 M2 🇨🇦 　　　　　　　　　🎧 Track 021

Questions 4 through 6 refer to the following conversation with three speakers.

W 　Sorry, are you the janitor?

M1 　I am. What can I do to help?

W 　❶I'm sorry to bother you, but one of the patients has spilled a drink on the floor in the inpatient ward. ❷Could you clean it up?

M1 　I'm afraid I'm quite busy at the moment. But my partner Steve should be able to take care of it for you.

W 　Thank you. Hi Steve. I'm really sorry about this. I hope it's not a problem.

M2 　Oh, no problem at all. ❸A spilled drink is probably the easiest thing to clean here. You should see the cafeteria after lunch!

W 　You know, I've never thought about that. You are both doing a great job keeping it clean.

問題 4-6 は 3 人の話し手による次の会話に関するものです。
W 　すみません、用務員の方ですか。
M1 　はい。何かお手伝いしましょうか。
W 　お忙しいところすみません、入院病棟で患者様の一人が床に飲み物をこぼしてしまいました。掃除していただけますか。
M1 　すみませんが、今とても忙しいのです。でもパートナーの Steve が対応できるでしょう。
W 　ありがとうございます。こんにちは、Steve。申し訳ないです。問題なければよいのですが。
M2 　あ、まったく問題ありません。ここの清掃で、こぼれた飲み物の清掃はたぶん一番たやすいことです。昼食後のカフェテリアを見たら分かりますよ！
W 　そうですか、それは考えたことがありませんでした。お二人とも仕事ぶりが素晴らしく、カフェテリアをきれいに保ってくれていますから。

語句
□ janitor 用務員　□ bother 〜を困らせる　□ patient 患者　□ spill 〜をこぼす
□ inpatient ward 入院病棟　□ I'm afraid すみませんが〜
□ at the moment 今、現在　□ take care of 〜に対応する　□ spilled こぼれた
□ probably たぶん、おそらく

4.

Where most likely are the speakers?	話し手たちはどこにいると考えられますか。
(A) At a beverage factory	(A) 飲料工場
(B) At a hospital	(B) 病院
(C) At a campsite	(C) キャンプ場
(D) At a school	(D) 学校

 正解 **B**

問題のタイプ **概要を問う問題**

解説

女性は①の中で「入院病棟で患者様の一人が床に飲み物をこぼしてしまいました」と述べています。このことから、正解は (B) の At a hospital「病院」であると分かります。patient「患者」や inpatient ward「入院病棟」が正解につながるキーワードです。

5.

What does the woman want the man to do?	女性は男性に何をしてほしいと望んでいますか。
(A) Clean the floor	(A) 床を清掃する
(B) Go to the cafeteria	(B) カフェテリアに行く
(C) Join her for lunch	(C) 一緒に昼食を取る
(D) Tidy up her office	(D) 彼女の事務所を整頓する

正解 **A**

問題のタイプ **詳細を問う問題**

解説

設問の内容から、女性の発言にヒントがあるはずだということが分かります。②で女性は Could you clean it up?「掃除していただけますか」と述べていますが、it が表すものは「床にこぼれた飲み物」であることが①の内容から分かります。よって、正解は (A) の Clean the floor「床を清掃する」になります。

One-up

What does the woman want the man to do?「女性は男性に何をしてほしいと望んでいますか」のような設問は、「女性の気持ち」を問う問題なので女性の発言にヒントがあるはずです。設問の内容から「男女どちらの発言にヒントがあるのか」を予想できるものは少なくありません。

6.

What does the woman imply when she says, "<u>I've never thought about that</u>"?
(A) The men don't do their work easily.
(B) The men work every day.
(C) The men want to help.
(D) The men are friendly.

女性が "<u>I've never thought about that</u>" と言う際、何を示唆していますか。
(A) 彼らは自分たちの仕事を簡単にこなしているわけではない。
(B) 彼らは毎日働いている。
(C) 彼らは助けたいと望んでいる。
(D) 彼らはフレンドリーである。

正解 A

問題のタイプ 意図問題

解説

I've never thought about that と女性が述べる直前に、❸で「ここの清掃で、こぼれた飲み物の清掃はたぶん一番たやすいことです」と２人目の男性が発言しています。これに対しての「それは考えたことがありませんでした」なので、女性は「男性たちの仕事は大変だ」と考えていることが分かります。これを簡潔に表している (A) が正解となります。

One-up

意図問題はターゲットとなる表現の、少なくとも「前後合計５センテンス分程度の内容」を「広く理解」し、「その発言をすることになった背景・状況」や「その範囲で話題となっていること」を理解することに努めてください。

Questions 7 through 9 refer to the following conversation.

M Have you decided where you will hold the conference this year?

W Yes, I've made reservations in New York. ❶I'm really excited to get everyone together for this year's conference, but I'm worried it won't be good.

M Last year's was great. ❷I don't know how you organized such massive events; it was really impressive. ❸It'll be useful to get all of the staff together in one place.

W You're giving a presentation this year, right?

M Don't remind me. <u>I'm really nervous about it</u>.

問題 7-9 は次の会話に関するものです。

M 今年の会議をどこで開催するか決めましたか？

W はい、ニューヨークに予約をしました。今年の会議で全員が集まるのをとても楽しみにしていますが、うまくいかないのではと心配です。

M 去年の会議は素晴らしかったです。あれほど大規模なイベントをどうやって主催できたのか僕には想像もつきません、とても見事でした。一か所にスタッフ全員を集めるのは有益でしょう。

W 今年あなたはプレゼンテーションをしますよね。

M 思い出させないでください。<u>すごく緊張しているのですから</u>。

語句

- ☐ decide ～を決める ☐ hold ～を開催する ☐ conference 会議
- ☐ make a reservation 予約をする
- ☐ be excited to do ～するのをとても楽しみにしている ☐ worried 心配だ
- ☐ organize ～を主催する ☐ massive 大規模な ☐ really 本当に
- ☐ impressive 印象的だ ☐ useful 役に立つ ☐ remind ～に思い出させる
- ☐ nervous 緊張している

7.
Why are they attending a
conference?
(A) To visit New York City
(B) To give presentations to their
clients
(C) To decide on next year's
business plan
(D) To meet with their coworkers

彼らはなぜ会議に出席するのですか。
(A) ニューヨーク市を訪れるため
(B) クライアントにプレゼンテーション
をするため
(C) 来年の事業計画を決定するため
(D) 同僚に会うため

正解 D

問題のタイプ　詳細を問う問題

解説
女性は❶で「今年の会議で全員が集まるのをとても楽しみにしています」と述べて
います。また、❸の中で「スタッフ全員を集める」と述べていることから、この「全
員」は社員、つまり彼らの同僚だと分かります。よって、正解は（D）です。（A）
は会議に参加する目的ではないため不正解、（B）は、プレゼンをするのは男性だけ
であり、クライアントへのプレゼンなのかは分かりません。（C）に関しては会話の
中で一切取り上げられていません。

8.
According to the man, what is the
woman good at?
(A) Being friendly
(B) Arranging large events
(C) Giving presentations
(D) Finding the cheapest rates

男性によると、女性は何が得意ですか。
(A) フレンドリーでいること
(B) 大きなイベントを準備すること
(C) プレゼンテーションをすること
(D) 最も安い価格を見つけること

正解 B

問題のタイプ　詳細を問う問題

設問の内容から、男性の発言にヒントがあるはずだということが分かります。❷で「あれほど大規模なイベントをどうやって主催できたのか僕には想像もつきません、とても見事でした」述べていることから、正解は（B）の Arranging large events「大きなイベントを準備すること」になります。

❗会話→選択肢の言い換え

organize such massive events ➡ Arranging large events

9.

What does the man mean when he says, "I'm really nervous about it"?

(A) He would rather not think about his presentation.
(B) The conference is a bad idea.
(C) His plan has changed.
(D) He won't give a presentation.

男性が "I'm really nervous about it" と言う際、何を意図していますか。

(A) 彼はプレゼンテーションのことについて考えたくない。
(B) 会議は悪い考えである。
(C) 彼の計画が変わった。
(D) 彼はプレゼンテーションをしない。

正解 A

問題のタイプ 意図問題

解説

I'm really nervous about it の it にあたるものは「（男性が）プレゼンテーションをすること」に他なりません。よって、男性はプレゼンをすることに対して女性に触れてほしくないと考えていることが分かります。正解は（A）です。

❗会話→選択肢の言い換え

I'm really nervous about it.
➡ He would rather not think about his presentation.

M 🇨🇦 W 🇬🇧   🎧 Track 023

Questions 10 through 12 refer to the following conversation.

M ❶So, Ms. Morelos, I've looked carefully at your company's method of hiring staff to identify possible improvements.

W ❷I've been looking forward to hearing your opinions. Is there anything we can do better?

M I recommend you conduct initial interviews with candidates online instead of in person. ❸You'll be able to see a wider range of people, and, most importantly, reduce the travel costs you need to pay.

W Hmm, I'm not sure of the reliability of Internet video chat.

M ❹Let me set up a demonstration for you. The technology has improved considerably in recent years.

問題 10-12 は次の会話に関するものです。
M　それで、Morelos さん、実現可能な改善点を明らかにするため、御社の人材採用の方法をじっくり確認してみました。
W　あなたの意見を聞くのを楽しみにしていました。改善できることは何かありますか。
M　候補者に直接会う代わりにオンラインでの一次面接の実施を推奨します。より幅広い範囲の人材に会うことができますし、それにもっとも重要なのは、支払わなければならない交通費を削減できます。
W　ふむ、インターネットでのビデオチャットの信頼性については疑問が残ります。
M　私にデモンストレーションをさせてください。近年は技術が格段に改善しています。

[語句]
- □ carefully 注意深く　□ method 方法　□ hire ～を雇う、採用する
- □ identify ～を明らかにする　□ possible 実現可能な　□ improvement 改善点
- □ look forward to doing ～することを楽しみに待つ　□ opinion 意見
- □ recommend ～を推奨する　□ conduct ～を行う　□ initial 最初の
- □ candidate 候補者　□ instead of ～の代わりに　□ in person 本人が直接に
- □ be able to do ～することができる　□ a wide range of 幅広い～
- □ importantly 重要なことには　□ reduce ～を削減する　□ reliability 信頼性
- □ set up a demonstration デモンストレーションをする　□ improve 改善する
- □ considerably 格段に　□ in recent years 近年は

10.

Who most likely is the man?
(A) A section manager
(B) A Web site designer
(C) A travel agent
(D) A recruitment consultant

男性は誰だと考えられますか。
(A) 課長
(B) ウェブサイトデザイナー
(C) 旅行案内業者
(D) 採用コンサルタント

正解 **D**

問題のタイプ **概要を問う問題**

解説

男性は❶で「実現可能な改善点を明らかにするため、御社の人材採用の方法をじっくり確認してみました」と述べています。これに対して女性は❷で「あなたの意見を聞くのを楽しみにしていました」と応答しています。このことから、男性は人材採用に関する知識を持つ人物であることが推測されます。よって、正解は (D) です。

One-up

most likely「最もありそうな」が設問に入っている場合、「そのものズバリ」である内容が会話内に登場しないケースも多々あります。その場合は、「会話の内容から推測して解答しなくてはならない場合がある」ことを押さえておいてください。

11.

What benefit does the man highlight?
(A) Reduced travel expenses
(B) Greater employee satisfaction
(C) Better connection speeds
(D) Simpler navigation controls

男性はどのような利点を強調していますか。
(A) 移動費用の削減
(B) 従業員満足度の向上
(C) 接続スピードの改善
(D) ナビゲーション制御の簡素化

正解 **A**

問題のタイプ **詳細を問う問題**

解説

男性は❸の中で「それにもっとも重要なのは、支払わなければならない交通費を削減できます」と述べています。よって、正解は（A）です。会話に出てくる travel costs「交通費」は、選択肢では travel expenses「移動費用」と言い換えられています。

❗会話→選択肢の言い換え

reduce the travel costs ➡ Reduced travel expenses

12.

What will the woman likely do next?　女性は次に何をすると考えられますか。
(A) Talk with senior staff　（A）上級社員と話す
(B) Upload data　（B）データを掲載する
(C) Evaluate software　（C）ソフトウェアを評価する
(D) Purchase equipment　（D）設備を購入する

正解　C

問題のタイプ　次の行動を問う問題

解説

男性は❹で「私に（ビデオチャットの）デモンストレーションをさせてください」と述べています。これに対して女性がするであろうことは、（C）の Evaluate software「ソフトウェアを評価する」です。この software は Internet video chat「インターネットでのビデオチャット（を行うためのソフトウェア）」のことを指しています。

 W 🇬🇧 M 🇦🇺

Questions 13 through 15 refer to the following conversation and sign.

W Hello. Welcome to Central Tower. How can I help you, sir?

M Good afternoon. ❶I'm Peter Hayashi, and I'm here to meet someone in Kingsley Law.

W Hmm… our system calendar indicates you were scheduled to arrive tomorrow. Is that correct?

M ❷Yes, but I finished some business earlier than planned, and Mr. Kingsley said it wouldn't be a problem to see me now.

W I'm sure it won't be. I just need an e-mail confirmation from their receptionist that they're expecting you… ah… there it is. OK, here's your visitor ID. ❸Swipe it here to go through the turnstile and take the elevator down the hall to floor 72.

問題 13-15 は次の会話と表示に関するものです。

W こんにちは。Central タワーへようこそ。ご用件をお伺いいたします。

M こんにちは。私は Peter Hayashi と申しますが、Kingsley 法律事務所の方に会いに来ました。

W ええと、当システムカレンダーではお客様は明日到着される予定になっております。それで正しいですか。

M はい、でも予定より早く仕事が終わり、Kingsley 氏が今会っても問題ないとおっしゃっていました。

W はい、問題ございません。ただ、お客様を待っているという内容の、法律事務所受付係からの確認 E メールが必要なのですが…ああ、ありました。承知いたしました、こちらが訪問者 ID です。それをここに通しして入場ゲートを通り、ホールの向こうのエレベーターで 72 階にお上がりください。

Central Tower Directory		Central タワー案内	
Elevator A	Floors 1-20	エレベーターA	1 階 － 20 階
Elevator B	Floors 21-40	エレベーターB	21 階 － 40 階
Elevator C	Floors 41-60	エレベーターC	41 階 － 60 階
Elevator D	Floors 61-80	エレベーターD	61 階 － 80 階

【語句】

□ indicate ～を示す　□ arrive 到着する　□ correct 正しい、正確な
□ confirmation 確認　□ receptionist 受付係　□ expect ～を待つ
□ swipe （カードを機械に）通す　□ turnstile 入場ゲート　□ down ～の向こうの

13.

Why is the man visiting the
building?
(A) To ask about a schedule
(B) To give a receptionist a ride
(C) To deliver a package
(D) To have a meeting

男性はなぜ建物を訪れているのですか。
(A) スケジュールについて尋ねるため
(B) 受付係を車で送るため
(C) 小包を配送するため
(D) 会議をするため

正解 D

問題のタイプ 詳細を問う問題

解説

設問の内容から、男性の発言にヒントがあるはずだということが分かります。男性
は❶で「私は Peter Hayashi と申しますが、Kingsley 法律事務所の方に会いに来ま
した」と相手に伝えています。これを簡潔に言い換えている (D) の To have a
meeting「会議をするため」が正解です。

❶ 会話→選択肢の言い換え

to meet someone ➡ to have a meeting

One-up

give someone a ride (to) は「人を（…へ）車で送る」という頻出表現です。関連
する表現に pick someone up「人を車で迎えに行く」があります。セットで押さ
えておいてください。

14.

Why is the man early?
(A) He finished a task ahead of
schedule.
(B) He took an express train to the
city.
(C) He received an urgent client
e-mail.
(D) He avoided a downtown traffic
jam.

男性はなぜ早くいるのですか。
(A) 彼は予定より前に仕事を終えた。
(B) 彼は街まで特急列車に乗った。
(C) 彼はクライアントから緊急のEメー
ルを受け取った。
(D) 彼は繁華街の交通渋滞を避けた。

問題のタイプ 詳細を問う問題

解説

設問の内容から、男性の発言にヒントがあるはずだということが分かります。男性は❷の中で「でも予定より早く仕事が終わり」と述べています。よって、正解は(A) の He finished a task ahead of schedule. 「彼は予定より前に仕事を終えた」です。

One-up

ahead of schedule「予定より早く」は対義表現の behind schedule「予定より遅れて」とセットで覚えておきましょう。

15.

Look at the graphic. Which elevator is the man going to take?
(A) Elevator A
(B) Elevator B
(C) Elevator C
(D) Elevator D

図を見てください。男性はどのエレベーターに乗りますか。
(A) エレベーターA
(B) エレベーターB
(C) エレベーターC
(D) エレベーターD

問題のタイプ 図表問題

解説

選択肢と図表に共通するのは「エレベーターの記号」です。図表上のエレベーターの記号以外の部分、つまり「各エレベーターが停止する階」が正解のヒントになると目星をつけて会話を聞くようにします。❸の中で女性は男性に対して「ホールの向こうのエレベーターで 72 階にお上がりください」と伝えています。72 階に停まるのはエレベーターD なので、正解は（D）になります。

M 🇨🇦 **W** 🇺🇸   🎧 **Track 025**

Questions 16 through 18 refer to the following conversation and order form.

M   Hello, Lisa's Flowers. How can I help you?

W   Hi, I'm calling from Tysda Plastics. ❶I need to make a correction to the order I placed for our corporate dinner tomorrow. ❷The total I gave you is incorrect, and I hope it's not too late to revise it.

M   Don't worry, it's not. ❸I'll only start arranging your floral set tomorrow afternoon. What would you like me to change?

W   ❹I need 20 more of the red roses. ❺I hope you have those in stock.

M   ❻We do. ❼I'll update your order right now.

問題 16-18 は次の会話と注文票に関するものです。

M もしもし、Lisa 花店です。ご用件をお伺いします。

W もしもし、Tysda Plastics の者です。会社の明日の夕食会用に出した注文を修正する必要があるのです。お渡しした合計数が誤りで、それを訂正するのに手遅れでなければよいのですが。

M ご心配要りません、手遅れではありません。明日の午後にお客様の花のセットをアレンジし始める予定です。何を変更されたいのですか。

W 赤いバラがもう 20 本必要です。在庫にあればよいのですが。

M ございます。今すぐにお客様の注文を更新します。

Order form		
Item 1	Tulips (yellow)	45
Item 2	Roses (red)	50
Item 3	Violets	35
Item 4	Narcissus	60

注文票		
品物 1	チューリップ（黄）	45
品物 2	バラ（赤）	50
品物 3	スミレ	35
品物 4	スイセン	60

┌─ 語句 ┐

☐ How can I help you? ご用件をお伺いします。　☐ correction 修正
☐ place（～の注文を）出す　☐ corporate 会社の　☐ incorrect 誤り
☐ revise ～を訂正する　☐ update 更新する

よりぬき！テスト

解説

概要・攻略法

トレーニング

問題

解説

確認テスト

解説

16.

What problem does the woman mention?

(A) She forgot an appointment.
(B) She misplaced a service invoice.
(C) She gave the wrong information.
(D) She deleted a business document.

女性はどのような問題について触れていますか。

(A) 彼女は約束を忘れた。
(B) 彼女はサービスの請求書の置き場所を間違えた。
(C) 彼女は誤った情報を伝えた。
(D) 彼女はビジネス文書を削除した。

正解 C

問題のタイプ 詳細を問う問題

解説

設問の内容から、女性の発言にヒントがあるはずだということが分かります。❶と❷で女性は「会社の明日の夕食会用に出した注文を修正する必要があるのです。お渡しした合計数が誤りで、それを訂正するのに手遅れでなければよいのですが」と男性に伝えています。これを簡潔に言い換えている (C) の She gave the wrong information.「彼女は誤った情報を伝えた」が正解です。

17.

What does the man say he will do in the afternoon tomorrow?

(A) Go to a supplier
(B) Call a customer
(C) Repair some equipment
(D) Create an arrangement

男性は明日の午後に何をすると言っていますか。

(A) 供給業者のところへ行く
(B) 顧客に電話する
(C) 設備を修理する
(D) アレンジメントを作成する

正解 D

問題のタイプ 詳細を問う問題

解説

設問の内容から、男性の発言にヒントがあるはずだということが分かります。❸で男性は「明日の午後にお客様の花のセットをアレンジし始める予定です」と述べているので、正解は (D) の Create an arrangement「（花の）アレンジメントを作成する」になります。

18.

Look at the graphic. Which item has been changed?

(A) Item 1
(B) Item 2
(C) Item 3
(D) Item 4

図を見てください。どの品物が変更されましたか。

(A) 品物 1
(B) 品物 2
(C) 品物 3
(D) 品物 4

正解　**B**

問題のタイプ　**図表問題**

解説

選択肢と図表に共通するのは「商品番号」です。図表上の商品番号以外の部分、つまり「花の名前」と「花の数」が正解のヒントになると目星をつけて会話を聞くようにします。女性が④と⑤で「赤いバラがもう 20 本必要です。在庫にあればよいのですが」と男性に伝え、それに対して男性は⑥と⑦で「ございます。今すぐにお客様の注文を更新します」と返事をしています。このことから、変更された品物は「赤いバラ」であることが分かるため、正解は（B）です。

Questions 19 through 21 refer to the following conversation and pie chart.

W Hi, Wayne. I have last quarter's data on the hotel's guests. ❶Look at how this sector has grown again. ❷It used to make up around 10% of total guests, now it's nearly 30%. Our customer base is changing, and we need to recognize that.

M I think so too, Katy. ❸A lot of the change is due to Carson City becoming a popular destination for conferences and events. And it'll grow more when the Riverside Exhibition Center opens this fall.

W I'm glad we agree. ❹Why don't we look at redirecting our advertising budget to focus more on this expanding sector?

M Sounds good to me. I'll write a brief proposal.

問題 19-21 は次の会話と円グラフに関するものです。
W こんにちは、Wayne さん。ホテルの宿泊客に関する直近の四半期のデータがあります。この部門がまたどれほど成長してきたか見てください。これはかつて総宿泊客数の約 10% を構成していましたが、今ではほぼ 30% です。当ホテルの顧客基盤は変化しており、これについて理解しておく必要があります。
M 私もそう思います、Katy。変化の多くは Carson 市が会議やイベントにとって人気のある場所になっているためです。それにこの秋 Riverside 展示センターがオープンすればそれはもっと成長するでしょう。
W 意見が合って嬉しいです。当社の宣伝予算の方向性をこの拡大する部門にさらに集中させるため変えるよう検討してみてはどうでしょうか。
M いいですね。簡単な企画案を書いてみます。

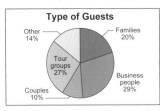

- [ ] quarter 四半期　　□ sector 部門　　□ used to do かつては〜していた
- [ ] make up 〜を構成する　　□ nearly ほぼ　　□ recognize 〜を理解する
- [ ] due to 〜が原因で　　□ destination 目的地
- [ ] Why don't we do...? 〜してみてはどうでしょうか。
- [ ] redirect A to B A を B に向け直す　　□ advertising budget 宣伝予算
- [ ] focus on 〜に集中する　　□ expanding 拡大している　　□ brief 簡単な

19.

Look at the graphic. Which sector is expanding?
(A) Families
(B) Business people
(C) Couples
(D) Tour groups

図を見てください。どの部門が拡大していますか。
(A) 家族連れ
(B) ビジネス関係者
(C) カップル
(D) ツアー団体

正解 B

問題のタイプ 図表問題

解説
女性は❶で「この部門がまたどれほど成長してきたか見てください」と述べ、続いて❷で「これはかつて総宿泊客数の約10％を構成していましたが、今ではほぼ30％です」と続けています。このことから、拡大されてきた部門はほぼ30％（29％）である、(B) の Business people「ビジネス関係者」になります。

One-up

図表問題（グラフィック問題）は、図表上にある「選択肢と一致しない部分」を見て解答するようにします。本問であれば10％〜29％までの4つの数字を見つつ「どの数字の部門が拡大しているか」に関するヒントを聞き取るように努めます。

20.

According to the man, how has the city changed?
(A) Many more hotels have been opened.
(B) There are more business events.
(C) Nature parks are attracting more visitors.
(D) The population has increased.

男性によると、この都市はどのように変化していますか。
(A) さらに多くのホテルがオープンしてきている。
(B) ビジネスイベントが増えている。
(C) 自然公園によりさらに多くの訪問客が訪れている。
(D) 人口が増えてきている。

正解 B

問題のタイプ 詳細を問う問題

67

男性は③で「変化の多くは Carson 市が会議やイベントにとって人気のある場所になっているためです」と述べています。これを簡潔に言い換えている（B）の There are more business events.「ビジネスイベントが増えている」が正解です。会話に出てくる conferences「会議」はビジネスイベントの一つです。

❗会話→選択肢の言い換え

becoming a popular destination for conferences and events
➡ There are more business events.

One-up

According to the man「男性によると」から始まる設問なので、正解に繋がるヒントは必ず男性の発言の中にあります。

21.

What does the woman suggest?	女性は何を提案していますか。
(A) Improving guest facilities	(A) 宿泊客用の施設を改善すること
(B) Forming local partnerships	(B) 地元の連携関係を築くこと
(C) Gathering guest feedback	(C) 宿泊客からの意見を集めること
(D) Reviewing marketing strategies	(D) マーケティング戦略を確認すること

正解 D

問題のタイプ　提案の内容を問う問題

解説

女性は Why don't we...?「〜してみてはどうでしょうか」を使って男性に提案をしています。④で「当社の宣伝予算の方向性をこの拡大する部門にさらに集中させるため変えるよう検討してみてはどうでしょうか」と述べていますが、これを端的に言い換えている（D）の Reviewing marketing strategies「マーケティング戦略を確認すること」が正解です。

One-up

女性の提案が何なのかを問う問題なので、正解に繋がるヒントは必ず女性の発言の中にあります。

M 🇦🇺

🎧 Track 027

Questions 1 through 3 refer to the following excerpt from a meeting.

Welcome everyone. ❶On the screen behind me, you'll see recent operations expense figures. A copy of this was e-mailed to you this morning, so feel free to download that onto your laptops to review. ❷My team and I have identified several factors, including worker salaries, outdated machinery, utilities, and supplies, that are causing costs to rise. Our main goal today is to see how we can reduce some of these factors I just mentioned. <u>We have to gain control of this situation</u>. ❸All of you are here today because you're the company's best experts on this kind of project.

問題 1-3 は次の会議の一部に関するものです。
皆さん、ようこそ。私の後ろのスクリーンで最近の運営費のデータが見られます。このコピーは今朝皆さんに E メールで送られていますので、どうぞご自身のノートパソコンにダウンロードしてご覧ください。私のチームと私はいくつか要因を特定し、それには従業員への給与や古い機械、公共料金、事務用品が含まれ、費用が上がる原因になっています。今日の主な目的は、私が今述べたこれらの要因のいくつかを削減できる方法について確認することです。<u>この状況を制御しなければなりません</u>。皆さんは当社の中でもこの種のプロジェクトに関する専門家なので、今日ここにお集まりいただきました。

語句

□ operation 運営　□ expense 費用　□ figure データ、数字
□ identify 特定する　□ factor 要因　□ outdated 古い、時代遅れの
□ utility 公共料金　□ mention 述べる　□ expert 専門家

1.

In which department does the
speaker most likely work?
(A) Human Resources
(B) Research and Development
(C) Operations
(D) Security

話し手はどの部署で働いていると考えら
れますか。
(A) 人事部
(B) 研究開発部
(C) 経営部門
(D) セキュリティー部門

正解 C

問題のタイプ 概要を問う問題

解説
話し手は❶で「私の後ろのスクリーンで最近の運営費のデータが見られます」と述
べています。また、❷の中では「私のチームと私はいくつか要因を特定し、それに
は従業員への給与や古くなった機械、公共料金、事務用品が含まれ、費用が上がる
原因になっています」と伝えています。これらのことから、話し手は会社の経営に
関わる部門にいることが推測されるため、正解は（C）です。

One-up
utilities は「公共料金」のことで、水道光熱費のことを指します。

2.

Why does the speaker say, "We
have to gain control of this
situation"?
(A) A trend cannot be allowed to
continue.
(B) A facility has some dangerous
materials.
(C) A change has to be explained to
staff.
(D) A reorganization of the company
is necessary.

話し手が "We have to gain control of this
situation" と言うのはなぜですか。
(A) 動向が続くことは許されない。
(B) 施設に危険な資材がある。
(C) スタッフに変更を説明しなければな
らない。
(D) 会社の再編成が必要である。

正解 **A**

問題のタイプ 意図問題

解説

話し手は We have to gain control of this situation と述べる前に、❷で「運営費が上がる様々な原因」について具体的に話しています。これが this situation「この状況」のことであり、これを gain control「制御する」必要があると言っているので、正解は (A) の A trend cannot be allowed to continue.「動向が続くことは許されない」になります。

3.

What credentials does the speaker mention?
(A) Length of service at the company
(B) Access to certain technologies
(C) Knowledge of a field
(D) Experience in training

話し手はどのような資質について触れていますか。
(A) 会社でのサービスの長さ
(B) 特定の技術へのアクセス
(C) ある分野の知識
(D) 訓練の経験

正解 **C**

問題のタイプ 詳細を問う問題

解説

❸で話し手は「皆さんは当社の中でもこの種のプロジェクトに関する専門家なので、今日ここにお集まりいただきました」と聞き手たちに伝えています。「この種のプロジェクトに関する専門家」の部分を簡潔に言い換えて表している、(C) の Knowledge of a field「ある分野の知識」が正解です。

W

Questions 4 through 6 refer to the following broadcast.

❶The Natton City Business Association has confirmed that it will sponsor this year's five-kilometer Fun Run. The run is open to everyone for a $60 registration fee, which also entitles each runner to a free T-shirt. Coffee mugs, keychains, and other gift items will also be available at reasonable prices. ❷Too busy to participate? <u>There are still ways to help.</u> ❸Visit our Web site, www.nattonfunrun.com, to learn how you can financially contribute. All money raised will be donated to Central Children's Hospital. ❹And now, let's break for a commercial.

問題 4-6 は次の放送に関するものです。
Natton 市経済団体は、今年の 5 キロのファンランを主催すると正式に発表しました。このランは 60 ドルの登録費でどなたでも参加でき、この費用でどのランナーにも無料の T シャツが配布されます。コーヒーマグ、キーホルダー、またその他の記念品もお求めやすい価格で販売されます。忙しくて参加できませんか？<u>支援する方法</u>はまだあります。ウェブサイト www.nattonfunrun.com にアクセスして、資金面での支援ができる方法を確認してみてください。集められた資金はすべて Central Children 病院に寄付されます。では、ここからコマーシャルに入ります。

語句
□ confirm 〜を確認する、正式に発表する　□ sponsor 〜を主催する、後援する
□ registration 登録　□ entitle 〜に権利を与える　□ participate 参加する
□ contribute 貢献する　□ money raised 集められた資金
□ donate 〜を寄付する

4.

What is the broadcast mainly about?
(A) A store opening
(B) A charity dinner
(C) A trade show
(D) A sporting event

この放送は主に何に関するものですか。
(A) 店の開店
(B) チャリティーディナー
(C) 見本市
(D) スポーツイベント

正解 D

問題のタイプ 概要を問う問題

解説

話し手は❶で「Natton 市経済団体は、今年の５キロのファンランを主催すると正式に発表しました」と述べています。この話題を簡潔に言い換えている (D) の A sporting event「スポーツイベント」が正解です。

❶ トーク→選択肢の言い換え

this year's five-kilometer Fun Run ➡ A sporting event

5.

Why does the speaker say, "There are still ways to help"?
(A) To encourage people to give some money
(B) To assure that there are several roads to the park
(C) To complain about the low public participation
(D) To ask more volunteers to sign up for a group

話し手が "There are still ways to help" と言うのはなぜですか。
(A) お金を出すよう人々に促すため
(B) 公園へ向かう道が複数あることを保証するため
(C) 一般の参加が少ないことに苦言を言うため
(D) グループに登録するより多くのボランティアを募るため

正解 A

問題のタイプ 意図問題

❷で話し手は「忙しくて（ランに）参加できませんか？」と話し、続けて There are still ways to help「支援する方法はまだあります」と言っています。さらに❸の中で「資金面での貢献ができる方法を確認してみてください」と述べています。これらのことから、ターゲットとなる発言をした理由は「（ランの）資金援助を促すため」であることがうかがえます。よって、正解は（A）です。

One-up

動詞 encourage は、encourage somebody to do「人に～するよう促す」の形でしばしば使われます。

6.

What will the speaker most likely do next?

(A) Begin an advertisement
(B) Play some music
(C) Read the news
(D) Provide a weather report

話し手は次に何をすると考えられますか。

(A) コマーシャルに入る
(B) 音楽を流す
(C) ニュースを読み上げる
(D) 天気予報を伝える

正解 A

問題のタイプ 次の行動を問う問題

解説

話し手は❹で「では、ここからコマーシャルに入ります」と述べています。よって、正解は（A）の Begin an advertisement「コマーシャルに入る」です。

M 🇨🇦   🎧 Track 029

Questions 7 through 9 refer to the following telephone message.

Hello, this message is for Mr. Preston. This is Justin Kramer calling from Albright Car Dealership. ❶Thank you for visiting the showroom yesterday and showing an interest in purchasing our new Kamilla sports utility vehicle. ❷I'm pleased to say we are able to offer you a test drive at the time you requested: this Saturday at 2 P.M. ❸And in case you're not aware, please note the 5 percent discount on the sticker price of the Kamilla is good only until the end of this month, so now is a great time to buy. We look forward to seeing you on Saturday.

問題 7-9 は次の電話メッセージに関するものです。
もしもし、Preston 様への伝言です。私は Albright カーディーラーの Justin Kramer です。昨日はショールームへお越しくださり、また当社の新しいスポーツ用多目的車 Kamilla のご購入に関心を寄せていただき、ありがとうございます。お客様のご要望の時間に試乗いただけますのでお知らせいたします、今週土曜日の午後 2 時です。もしご存知なければ、Kamilla の店頭表示価格からの 5 パーセント割引は今月末までのみ有効ですので、今がご購入の絶好の機会です。土曜日にお会いできるのを楽しみにしております。

┌ 語句 ┐
□ thank you for doing ～してくれてありがとう　□ interest in ～への関心
□ purchase ～を購入する　□ sports utility vehicle スポーツ用多目的車
□ be pleased to do 喜んで～する
□ offer someone something 人に物を提供する　□ request ～を要望する
□ in case もし～であれば　□ be aware 気付いている
□ please note ～ということにご留意ください　□ good 有効だ
□ until ～までずっと

7.

Who is the message intended for?	このメッセージは誰に向けられたものですか。
(A) A car parts supplier	(A) 車の部品供給業者
(B) A potential customer	(B) 潜在顧客
(C) A motoring journalist	(C) 自動車関連のジャーナリスト
(D) A colleague of the speaker	(D) 話し手の同僚

正解　B

問題のタイプ　概要を問う問題

解説

話し手は①で「昨日はショールームへお越しくださり、また当社の新しいスポーツ用多目的車 Kamilla のご購入に関心を寄せていただき、ありがとうございます」と述べていることから、聞き手はこれから車を購入してくれそうな人であるということが分かります。よって、正解は（B）の A potential customer「潜在顧客」です。

❶トーク→選択肢の言い換え

showing an interest in purchasing our new Kamilla sports utility vehicle ➡ A potential customer

One-up

an interest in doing は「〜することへの関心」という意味ですが、doing の部分が他動詞の doing 形の場合には、さらにその後ろには doing の目的語となる名詞（句）が続きます。ここでは他動詞の doing 形である purchasing の目的語として、名詞句の our new Kamilla sports utility vehicle が続いています。

8.

Why is the man calling?	男性はなぜ電話をしていますか。
(A) To apologize for a delay	(A) 遅れについて謝罪するため
(B) To confirm an appointment	(B) 予約を確認するため
(C) To request more information	(C) 詳細な情報を要求するため
(D) To offer transportation	(D) 送迎を提供するため

正解　B

問題のタイプ 詳細を問う問題

解説

話し手は②で「お客様のご要望の時間に試乗いただけますのでお知らせいたします、今週土曜日の午後２時です」と話しています。客が希望した時間に車の試乗ができることになったということを伝えるメッセージであることが分かります。よって、正解は (B) の To confirm an appointment「予約を確認するため」です。

9.

What will happen at the end of the month?
(A) The speaker will begin a business trip.
(B) A new product will be launched.
(C) A schedule will return to normal.
(D) A promotional offer will expire.

月末に何が起きますか。
(A) 話し手が出張旅行を始める。
(B) 新しい製品が発売される。
(C) スケジュールが通常に戻る。
(D) 販売促進の値引きが終了する。

正解 D

問題のタイプ 詳細を問う問題

解説

③の中で話し手は「Kamilla の店頭表示価格からの５パーセント割引は今月末までのみ有効です」と聞き手に伝えています。これを端的に言い換えている (D) A promotional offer will expire.「販売促進の値引きが終了する」が正解となります。

❗トーク→選択肢の言い換え

the 5 percent discount on the sticker price of the Kamilla is good only until the end of this month ➡ A promotional offer will expire.

One-up

until「〜までずっと」は、接続詞（後ろに主語＋動詞＋αが続きます）としても前置詞（後ろには名詞〈句〉が続きます）としても使われます。

W

 Track 030

Questions 10 through 12 refer to the following talk and map.

Before our hike through Longdale National Park today, let me say a few words. We're here at the 100-year-old stone tower, and this is where all trails begin. ❶We'll be walking the longest trail, but it's mostly flat and easy to hike along. Actually, if you continue on that trail, you'll eventually arrive in Westmoor National Park, ❷as the two parks border each other. ❸Please meet back here in fifteen minutes to start our hike. In the meantime, you can take photos, arrange your gear, or get some water from the spring.

問題 10-12 は次の話と地図に関するものです。
今日の Longdale 国立公園を進むハイキングの前に、少しお話させてください。私たちの現在地はこの 100 年の石塔で、ここはすべてのトレイルが始まる場所です。私たちはもっとも長いトレイルを歩きますが、大部分は平坦でその道に沿って歩くのは簡単です。実際このトレイルを進み続けると最終的には Westmoor 国立公園にたどり着きますが、それは 2 つの公園が隣接しているためです。ハイキングを始めるため 15 分後にここに戻ってきてください。その間、写真を撮ったり、用具を準備したり、泉から水を汲んだりできます。

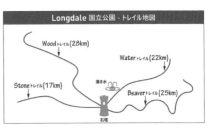

語句
- [ ] through ～を通り抜けて　[ ] let me say a few words 少しお話させてください
- [ ] trail トレイル、（登山、ハイキングなどの）コース　[ ] mostly 大部分は
- [ ] flat 平坦な　[ ] hike along 沿って歩く　[ ] continue on ～を進み続ける
- [ ] eventually 最終的には　[ ] arrive in ～に到着する　[ ] as ～なので
- [ ] border each other 隣接している　[ ] in the meantime その間
- [ ] arrange ～を準備する　[ ] gear 用具　[ ] spring 泉

10.
Look at the graphic. Which trail will the listeners take?
(A) Stone Trail
(B) Wood Trail
(C) Water Trail
(D) Beaver Trail

図を見てください。聞き手たちはどのトレイルを進みますか。
(A) Stone トレイル
(B) Wood トレイル
(C) Water トレイル
(D) Beaver トレイル

正解 B

問題のタイプ 図表問題

解説
話し手は❶の中で「私たちはもっとも長いトレイルを歩きます」と述べています。図表を見ると、一番長いトレイルは Wood Trail の 28km であることが分かります。よって、正解は（B）です。図表問題を解く際は、選択肢に書かれていることが図表にも書かれている場合「選択肢に書かれていない部分」に関することがトークの中で話題になると考えてください。

11.
What does the speaker say about Longdale National Park?
(A) It was opened 100 years ago.
(B) It is connected to another park.
(C) It is operated by volunteers.
(D) It will soon close for the season.

Longdale 国立公園について話し手は何と言っていますか。
(A) 100 年前にオープンした。
(B) もう一つの公園と繋がっている。
(C) ボランティアによって運営されている。
(D) もうすぐシーズン終了で閉園する。

正解 B

問題のタイプ 詳細を問う問題

解説
❷で話し手は「それは 2 つの公園が隣接しているためです」と述べています。これを It is connected to another park.「もう一つの公園と繋がっている」と言い換えて表している（B）が正解です。

the two parks border each other
➡ It is connected to another park.

One-up

> border は名詞「境界線」として使われることが多い単語ですが、ここでは「〜を
> 隣接する」という意味の他動詞として使われています。

12.

What should the listeners do in
fifteen minutes?
(A) Collect their equipment
(B) Decide what to eat
(C) Assemble at the stone tower
(D) Bring their cameras

聞き手たちは15分後に何をすべきですか。
(A) 自分たちの備品を集める
(B) 何を食べるか決める
(C) 石塔に集合する
(D) 自分たちのカメラを持ってくる

正解 C

問題のタイプ 次の行動を問う問題

解説

> 話し手は③で「ハイキングを始めるため15分後にここに戻ってきてください」と
> 聞き手に伝えています。「ここ」はトークの冒頭で述べられている the 100-year-
> old stone tower「100年の石塔」です。よって、正解は (C) の Assemble at the
> stone tower「石塔に集合する」です。

❶ トーク→選択肢の言い換え

Please meet back here ➡ Assemble at the stone tower

One-up

> assemble は自動詞「集まる」としても他動詞「〜を集める」としても使われます。

M 🇬🇧🇦🇺

Questions 13 through 15 refer to the following telephone message and job plan.

Hi Sam, it's Bobby here. Sorry to call you outside working hours. I just received an e-mail from Oricone. ❶They're delighted with what you've done with the kitchen and floor. ❷They say they've never seen it so clean. Now about tomorrow, you can skip the window cleaning. ❸Apparently, they were done just last week, so please go ahead and clean the washrooms when you arrive. ❹I'll e-mail you later about the next client, which is at another office, this time in Edmonton.

問題 13-15 は次の電話メッセージと仕事の計画に関するものです。
もしもし、Sam、Bobby です。勤務時間外の電話で申し訳ありません。ちょうど Oricone から E メールを受け取ったところなのです。あなたがキッチンと床に実施してくれたことを彼らはとても喜んでいます。こんなに綺麗になっているのを見たことがないと話しています。さて明日のことですが、窓拭きを飛ばしても大丈夫です。どうやら先週したばかりらしいので、到着したらトイレの清掃に進んでください。次のクライアントについてあとで E メールしますが、これは別のオフィスで、今回はエドモントンにあります。

Client: Oricone Tech Systems		クライアント: Oricone Tech Systems	
Project: Full office cleaning		プロジェクト：オフィスの完全清掃	
Job 1	Clean staff kitchen	仕事 1	給湯室の清掃
Job 2	Polish wooden floor	仕事 2	フローリング磨き
Job 3	Wash windows	仕事 3	窓拭き
Job 4	Clean staff toilets	仕事 4	職員用トイレの清掃

語句
□ delighted とても喜んでいる　□ skip ～を飛ばす
□ apparently どうやら～らしい　□ go ahead 先へ進む　□ staff kitchen 給湯室

13.

According to the speaker, why is the client happy?

(A) Extra work will be carried out for free.

(B) A job was done well.

(C) Cleaning products were cheap.

(D) A project will begin early.

話し手によると、クライアントが喜んでいるのはなぜですか。

(A) 追加作業が無料で実行される。

(B) 仕事が丁寧に行われた。

(C) 掃除用品が安かった。

(D) プロジェクトが早く開始する。

正解 **B**

問題のタイプ **詳細を問う問題**

解説

話し手は❶と❷の中で「あなたがキッチンと床に実施してくれたことを彼ら（クライアント）はとても喜んでいます。こんなに綺麗になっているのを見たことがないと話しています」と述べています。彼らが喜んでいる理由を簡潔に言い換えている (B) の A job was done well.「仕事が丁寧に行われた」が正解です。

One-up

Part 4 の設問にある According to the speaker「話し手によると」の部分は読む必要がありません。Part 3 では speaker のところに the man や the woman が入り、正解に繋がるヒントを言ってくれる人を指定してくれるので非常に重要です。

14.

Look at the graphic. What job should be started tomorrow?

(A) Job 1

(B) Job 2

(C) Job 3

(D) Job 4

図を見てください。明日どの仕事を開始すべきですか。

(A) 仕事 1

(B) 仕事 2

(C) 仕事 3

(D) 仕事 4

正解 **D**

問題のタイプ **図表問題**

選択肢と図表に共通するのは「仕事の番号」です。図表上の仕事の番号以外の部分、つまり「給湯室の清掃」、「フローリング磨き」、「窓拭き」、そして「職員用トイレの清掃」が正解のヒントになると目星をつけてトークを聞くようにします。話し手は❸の中で「到着したらトイレの清掃に進んでください」と伝えています。よって、正解は（D）になります。

15.

What will the speaker do later? / 話し手は後で何をしますか。

(A) Confirm payment with the client / （A）クライアントに支払いを確認する

(B) Visit the listener at the work site / （B）職場にいる聞き手を訪問する

(C) Send details of another project / （C）他のプロジェクトの詳細を送る

(D) Rearrange a schedule / （D）スケジュールを変更する

正解 C

問題のタイプ 次の行動を問う問題

解説

話し手は❹の中で「次のクライアントについてあとでEメールします」と述べています。これを抽象的に言い換えている（C）の Send details of another project「他のプロジェクトの詳細を送る」が正解です。

❶トーク→選択肢の言い換え

I'll e-mail you later about the next client
➡ Send details of another project

W

Questions 16 through 18 refer to the following talk and products.

Ladies and gentlemen, thank you for attending Jellicon Food's product tasting event. ❶Today, you will sample four improved versions of our popular ice cream range, and we're eager to hear your opinions. You'll be presented with four flavors, with a break between each tasting so that you can write your comments down. ❷The order will be blueberry, vanilla, strawberry, and finally chocolate. So, let's get started. ❸There is a number at the top of your comment sheet, so kindly go to the booth of the same number and take your seats.

問題 16-18 は次の話と商品に関するものです。
皆さん、Jellicon 食品の商品試食イベントにご出席くださりありがとうございます。今日は当社の人気アイスクリームシリーズの4つの改良版を試食して、皆さんの意見をぜひ聞かせていただきたいと考えています。皆さんには4つの味が提示され、コメントを書けるよう各試食の合間には休憩が設けられます。順番は、ブルーベリー、バニラ、ストロベリー、そして最後はチョコレートです。それでは始めましょう。コメントシートの上に番号がありますので、同じ番号のブースにどうぞ進んでお座りください。

16.
What is happening?
(A) A design meeting
(B) Production scheduling
(C) Consumer evaluation
(D) New product brainstorming

何が起きていますか。
(A) デザイン会議
(B) 生産の計画
(C) 消費者からの評価
(D) 新製品のブレインストーミング

正解 **C**

問題のタイプ **概要を問う問題**

解説

話し手は❶で「今日は当社の人気アイスクリームシリーズの4つの改良版を試食して、皆さんの意見をぜひ聞かせていただきたいと考えています」と述べています。これを簡潔に言い換えている (C) の Consumer evaluation「消費者からの評価」が正解です。

17.
Look at the graphic. Which product will be focused on first?
(A) Product 1
(B) Product 2
(C) Product 3
(D) Product 4

図を見てください。最初にどの商品に焦点が当てられますか。
(A) 商品1
(B) 商品2
(C) 商品3
(D) 商品4

正解 **B**

問題のタイプ **図表問題**

解説

選択肢と図表に共通するのは「商品番号」です。図表上の商品番号以外の部分、つまり「アイスクリームの味」が正解のヒントになると目星をつけてトークを聞くようにします。❷で話し手は「順番は、ブルーベリー、バニラ、ストロベリー、そして最後はチョコレートです」と聞き手たちに伝えています。よって、正解は (B) です。

18.

What are the listeners asked to do?
(A) Go to their assigned places
(B) Open a specific package
(C) Organize themselves into groups
(D) Submit their comment sheets

聞き手は何をするよう求められています
か。
(A) 指定の場所に行く
(B) 特定のパッケージを開ける
(C) 複数のグループにまとまる
(D) コメントシートを提出する

正解 **A**

問題のタイプ 次の行動を問う問題

解説

❸で話し手は「コメントシートの上に番号がありますので、同じ番号のブースにど
うぞ進んでお座りください」と述べています。これを簡潔に言い換えている（A）
の Go to their assigned places「指定の場所に行く」が正解になります。

⓿トーク→選択肢の言い換え

go to the booth of the same number
　　⇒ Go to their assigned places

Chapter

2

Part 1-4 の概要
Part 1-4 攻略法
スコア飛躍のトレーニング
トレーニングをナビゲート！
トレーニング問題・解説

1 | Part 1-4 の概要

Part 1　写真描写問題

　写真を見て、それを正しく描写している英文を4つの選択肢から選ぶ問題です。6問出題されます。英文は掲載されておらず、写真のみを見て、英文を聞いて解答することになります。

　7つのパートの中で比較的易しい問題が出題されます。ただしここ最近は、6問のうち1、2問難しい名詞や動詞が使われることがあり、特に中級者と上級者を振り分けるような問題も登場するようになりました。問題の割合としてはおおよそですが、1人の人物写真が2問、複数の人物写真が2問、オフィス、店舗内、公園等の人が写っていない風景問題が2問といったところです。※人が写っていない写真の問題は主語が選択肢ごとに違う場合があり、難易度は高くなる傾向にあります。

　文法については、現在形、現在進行形、現在完了形を能動態、受動態に分けて使われています。

Part 2　応答問題

　問いかけ（質問または陳述）とそれに対する3つの応答が流れ、最も適切なものを選ぶ問題です。25問出題されます。

　解答時間は問いかけと3つの応答の後の約5秒間で、その後次の問題が連続して流れていきます。

　問題文、選択肢が問題用紙に印刷されていません。そのため、リスニングセクションの中で唯一、聞こえてきた音だけが頼りとなる、集中力が必要とされるパートです。

　※リスニングセクションの Part 1 は写真、Part 3、4 は設問と選択肢、図表（グラフィック）を参照しながら解きますが、Part 2 は「音」だけが頼りです。

■文のタイプと解答パターンを理解する

　文のタイプは、おおよそですがこのようなものがあります。これに関してはそれぞれの項目で細かく述べます。

・WH 疑問文	全体の約4割（10問前後）
・Yes/No 疑問文	全体の約2割（5問前後）
・依頼・勧誘・申し出	全体の約1.2割（3問前後）
・平叙文	全体の約1.2割（3問前後）

・否定、間接疑問文　　　全体の約 0.8 割（2 問前後）
・選択疑問文　　　　　　全体の約 0.8 割（2 問前後）

Part 3　会話問題

　2 人または 3 人の会話を聞いて、内容に関する 3 つの設問に答える問題です。13 セット（39 問）出題されます。問題冊子には設問と選択肢、図表が印刷されています。会話の音声が流れた後、各設問の後に約 8 秒（図表問題は約 12 秒）の時間があります。可能であればそのセットの 1 問目の設問の音声が流れ終わった直後には 3 問とも正解のマークを塗りつぶせるのを目標にしてください。次のセットの会話の音声が始まる前までに、次のセットの設問と選択肢を読み終えられるのが理想です。

　Part 3 では、問題タイプの見極めが重要です。

① WH 疑問詞の問題
　What や Who など、WH 疑問詞で質問が始まる問題です。会話全体の概要を問う問題、話者が伝えている内容の詳細や次の行動、依頼や、提案、勧誘、申し出など、ざっくりしたものから細かいものまで、さまざまな内容が問われます。

② 意図問題
　話者の発言の意図を問う問題です。問われている発言の前後の内容から、その発言の背景や状況に合うものを選びます。

③ 図表問題
　会話と図表の内容から判断して答える問題です。図表は「リスト型」「グラフ型」「見取り図型」などが出題されます。最も解きやすいのは「リスト型」で、選択肢と図表で一致する部分と対になっている情報に注意して会話を聞きます。逆に解きにくいパターンの問題として、「選択肢と一致するもの以外の情報」が図表上にほとんど掲載されていないタイプのものがあります。図表を見ながら音声を注意深く聞き、その内容に沿って正解を突き止めましょう。

Part 4　説明文問題

　1 人の人物のトークを聞いて、内容に関する 3 つの設問に答える問題です。10 セット（30 問）出題されます。問題冊子には設問と選択肢、図表が印刷されています。

　問題タイプや解答目標時間は Part 3 と同様です。

2 | Part 1-4 攻略法

Part 1

① 試験開始直後のウォームアップとして使おう！
　試験開始直後のパートなので、ナレーターのスピードや発音アクセントに慣れる感じで聞くことを心がけましょう。

② 始まる前の時間を有効に使おう！
　Part 1 が始まる際は、最初のイントロとして、リスニングセクション全体の説明とパート 1 の説明で約 1 分半の時間の余裕があります。その間、写真をパラパラ見ながら、「だいたいどんな問題が出るか」見ておくのがよいと思います。

③ 解くペースをしっかり決めておこう！
　基本は、写真を一通り眺めておき、A ⇒違う、B ⇒正解かな？、C ⇒違う、D ⇒違う、よし B にマーク！といった解き方ですが、こういった自分なりに解くペースをしっかり決めておきましょう。鉛筆やシャープペンシルを、解答用紙のこれから聞こうとしている選択肢に置きながら聞くと、「どの選択肢でどんなことを言っていたか」思い出しやすく、ケアレスミスも少なくなります。

④ 人物が出てくる写真は「目的語」「場所」「動詞」に注意しよう！
　人物が写真に写っている場合、英文はその人物を描写する可能性が高いです。どんな服装をしているか、どんなものを持っているか、どこにいるか、といったようなところに注意してみましょう。モノが主語の場合、人の手によって何かをされている状態を示している場合も多いので、受動態に注意しましょう。

⑤ 人物が写っていない写真は、目につくモノがどこにどのようにあるのかが問われる！
　車、建物といったものがどこに、どういう状態にあるかが問われます。風景描写は、選択肢ごとに主語が異なる可能性が高いため、注意しましょう。

⑥ 写真に「ない」ものは絶対に選ばない！
　例えば、人物が写っていないのに "The woman is sweeping...." と The woman が主語というのはありえないですし、同様に、椅子が写っていないのに、"A chair...." というのも正解としてはありえません。
　このあたりは実際に問題を解きながら、感覚を掴んでいきましょう。

⑦ **抽象度が高い表現や状況から推測しなければいけない表現に敏感になろう！**

例えば、デパートのようなところで宝石が陳列されていて、item という言葉が聞こえてきたら、それは宝石を指します。通常は jewelry というところを、「品物」というように少し抽象度を上げてくる場合があります。また、筆を持ってキャンバスに絵を描いている人を artist と表現することがあります。これは、この写真の人物が artist かどうかは分からないが、写真の状況から「絵を描いているということは "artist" の可能性がある」ということになるのです。このように抽象度が高い表現や、推測が必要なところにも目を配っておきましょう。

⑧ **迷ったら、消去法を使おう！**

どうしても聞き慣れない語に出会ったり、表現を聞き逃したりしてしまう場合もあるはずです。その際は、他の間違いの選択肢を３つ見つけて、残ったものにマークするというものアリです。

⑨ **①〜⑧を踏まえて、実践問題を解きながら、語彙、文法、決まり文句をストックしておこう！**

間違いの選択肢にも重要表現が含まれているので、１問につき４つの文で、どのような描写かイメージしておきましょう。特に、本書の問題は、間違いやすい「複数の人物」と「風景」にスポットを当て、厳選した表現や文法を使っていますので、あやふやなところは重点的に繰り返して自分のものにしてしまいましょう。

Part 2

■**解答プロセスを作る**

Part 2 は短い会話を聞いてすぐに問題を解く必要があります。そのため限られた時間で、どんな問題でも解けるように解答プロセスを作っていきましょう。具体的には以下の通りです。

① **耳で反応**

問題を通じて、音ズレをなくし、１つのカタマリとして音を捉え、保持しましょう。

捉えることができない音はあなたの苦手な音なので、トレーニングでしっかり補完しましょう。

↓

② **意味をキャッチ！**

聞こえてきたまま訳すのではなく、限られた時間で咀嚼して意味を理解しましょう。

特に会話を聞いた際に、シーン（オフィス、レストラン、病院のアポ等）をイメージできるとよいでしょう。

↓

③ ロジカルジャッジ（質問、意見に対して適切な応答かを論理的に判断する）

　最終的に、ある問いかけや意見に対する適切な応答、というのは、論理性が伴わないといけません。

　適切な論理性を高めるため、解答パターンをしっかりと覚えておきましょう。

④ 消去法の活用（明らかに異なるものを2つ消す）

　③に関連して、時には、「この選択肢、何を言っているのかさっぱり分からない」というのもあるかもしれません。日常の学習であれば復習はできますが、本番の場合そこで止まってしまうと、リスニングセクションはどんどん次に行ってしまいます。その際、他の2つが明らかに不正解であれば、消去法として残ったものを候補として正解にする、という方法もあります。

⑤ 迷ったらあきらめて次に進む（他の問題対応に影響を及ぼさない）

　問題もよく分からず、選択肢も絞り込めない場合は、適当にマークして次に進むようにしましょう。前の問題を引きずることにより、次の問題も「あれ？何て言っていたんだっけ？」「正解はAだっけBだっけ？」というような状態に陥ります。つまり集中力散漫により、失点するリスクを広げてしまいます。それを最小限にする必要があります。

【ここ最近のパート2難易度傾向について】
■直接応答と間接応答

　Part 2は3択になっていますが、意味が分かると、たいていの問題は時間をかけずに解けます。例えば、「誰が○○をやった？」では「誰」が問われていますから人名やチーム名などが正解となりますし、「どこで開催する？」では「場所」が問われていますので、固有の場所や都市名などが正解となります。このタイプの問題は直接応答といいます。

　ただ、それが瞬時に判断できないタイプのものが増えてきました。「誰？」と聞かれて「分からない」「予定表に掲載されているよ」といった、「直接聞かれていることには返答しないけど、応答としては正解」というパターンです。このタイプの問題は「分からない→私は尋ねられた情報を知りえていない」「予定表に掲載→私は答えられないが予定表には「誰」が掲載されている」といった、論理的に段階を踏んで考えると適切な応答と言えるものです。このタイプの問題は「間接応答」といいます。

■距離感のある問題（正解として判断に時間がかかる問題）

　間接応答を適切な応答と判断するまでには、ロジカルジャッジを要するため時間がかかります。また「この応答が適切な応答と言い切れるか」という観点では、正解にたどり着くための時間＝「距離」に見立てて、「距離感のある問題」と言われたりします。この距離が遠いほど、直接応答と比較して判断に時間がかかるため、正解が選べず、「難

しいな」と思わせる要因となります。時間がかかる、といっても意味が分かれば 1、2 秒のハナシですが、Part 2 ではそのくらいの時間でも浪費してしまうと、次の問題が迫ってきますので、かなりのタイムロスを感じて焦りやミス、次の問題の聞き逃しを誘発してしまいます。そのため、このタイプの問題の正解、不正解が中級者と上級者を振り分けることになります。逆にいうと、このタイプの問題を克服すれば、リスニングスコアを上げることができます。

　特に、2016 年 5 月に新形式に移行してからは、リスニング、リーディングともに「文脈」が重視されるテストに変わりました。これに伴い、「〇〇だから△△と推測できる」といえるような、「正解までの距離が遠い問題」が増えてきました。「直接応答」がストレートだとすると、「間接応答（距離の遠い問題）」は変化球と考えると分かりやすいでしょう。両方ともストライクになりえるとしたら、「正解となる根拠」があり、それがまっすぐか、ボールになりそうな軌道を描いてストライクゾーンに入ってくるか、の違いがあります。特に本書では変化球パターンに対応できる問題を「よりぬいて」出題していますので、そのあたりをしっかり学んでください。

【Part 2 タイプ別攻略法】
1. WH 疑問文
■どんな問題？
◎ Wh で始まる語は、最初の 1 語を集中してしっかり押さえること
　Wh で始まる場合、最初の 1 語を確実に押さえてください。
　というのも、1 つの文をすべて頭の中に入れるのは大変ですが、最初の 1 語を押さえておけば、応答すべき内容が分かるので、解答の糸口が掴めます。
　例：

When　→　いつ、時間に関する応答が問われている
Who　→　誰、人が問われている
Where　→　どこで、場所が問われている
What　→　何を、モノが問われている
Why　→　なぜ、理由が問われている

　そのためには、問題を解きながら、これらの 1 語の「音」をしっかり掴むことから始めましょう。

◎ How の場合：最初の 2 語を集中して聞き取ろう
　How は、「どのように」や「どうやって」という手段や方法を問う問題が来ます。
　一方で How という語は、次に他の語を伴って別の意味になる場合が多いので、「How」が聞こえてきたら、その次の語も集中して聞くようにしましょう。具体的なものを下記に挙げますが、2 語で登場することが多いので、この 2 語を 1 つのカタマリと

して押さえておくといいでしょう。

例：

How	→	方法、手段が問われている
How much	→	どれくらいの量か、価格かが問われている
How many	→	どれくらいの個数、人数かが問われている
How often (How frequently)	→	どれくらいの頻度かが問われている
How long	→	どれくらいの期間なのかが問われている
How far	→	どれくらいの距離なのかが問われている
How soon	→	どれくらいの時間で行われるのかが問われている

2. Yes/No 疑問文
■どんな問題？

　Do you ?〜, Are you〜?, Have you〜? といった、助動詞、be 動詞の疑問文で Yes もしくは No で答えることができるタイプの問題をいいます。

　WH で始まる語は、最初の１語を集中してしっかり押さえることを基本としていましたが、Yes/No タイプの疑問文は、助動詞や be 動詞が最初に来て、最後の語尾が疑問文として「〜？↗」と上がり口調になった時に、「あ、これは Yes/No 疑問文だな」と判断するといいでしょう。

Yes/No 疑問文の応答では、
・Yes/No の応答後の整合性を確認すること
・Yes/No の代用表現に注目すること
・Yes/No がなくても、その内容の関連性に注意すること
　の３つを意識しましょう。**距離感のある問題**に記載した、変化球応答も間接的な例として正解になる場合があるので注意が必要です。

3. 依頼・勧誘・命令・提案・申し出・許可
■どんな問題？

　相手に「〜してくれない？」という依頼、「〜しませんか？」という勧誘、「〜しなさい、してください」という命令、「〜してはどうですか？」という提案、「〜しましょうか？」という申し出をする、「〜してもいいですか？」と許可を求める表現で、それによって何らかの作用や働きが行われることがある文です。それぞれ、ニュアンスは異なりますが、広義にいうと、申し出・許可を求める表現以外はすべて指示命令にあたります。強制力が異なるので、どうするかは相手に任されています。

それぞれの例は以下の通りです。しっかり押さえておいてください。

依頼の表現：Could you～? Can you～? Will you～? Would you～?
勧誘の表現：Would you like～? Let's～. Why don't we～? We should～.
命令の表現：Please～. Be～. Do～. You must～.
提案の表現：Why don't you～?
申し出の表現：Why don't I～? Shall I～?
許可の表現：May I～?　Do(Would) you mind doing～?　Do(Would) you mind if S+V?

■応答パターン
　応答パターンとしては、これらの指示命令を①受け入れる、②断る、③保留、④疑問文で質問し返す場合があります。

① 受け入れるパターン
　OK./Sure./That's good(great). といった肯定表現です。
② 断るパターン
　No./I hope not./I'd rather not./I don't like it. のように否定表現で断る表現です。
③ 判断がつかない保留パターン
　Let me think about it.「考えさせてください」等、回答を保留する表現です。
④ 疑問文で質問し返すパターン
　WH 疑問文もしくは Yes/No 疑問文（否定・付加疑問文含む）で、返答前に質問をするパターンです。
　例：「イベントに行ったら？」という提案に対して、「いつ、どこでやるの？」と質問で返す

4. 平叙文（意見・伝達・報告・心配事）
■どんな問題？
　意見、メッセージ、情報提供のような、最初の話者の疑問や質問ではない、発言そのものです。発言の種類としては、「○○が昇進したよ！」というニュースや、「通行止めだ」といった状況、「今お金持ってないや」という独り言のような発言もあります。

■応答パターン
　平叙文は「メッセージ」を受け止めましょう。問われているわけではないですが、相手は「何かを伝えたい」わけで、その「伝えたい何か」を受け止めてあげて、応答します。応答の場合は、情報提供してくれたことに対する御礼、意見への同意、否定、追加情報、聞いた内容に対する質問（WH 疑問文、Yes/No 疑問文、否定・付加疑問文）、提案、指示、依頼、その他変化球応答があります。

5. 否定・付加疑問文

■どんな問題？

Aren't you〜?, Haven't you〜? のように冒頭の be 動詞もしくは助動詞が否定された形の疑問文です。

付加疑問文は、通常の意見や陳述の後の、その動詞を受けて、〜, aren't you? 〜, haven't you? という疑問形を付けた（付加した）疑問文です。肯定文には否定の付加疑問が、否定文には肯定の付加疑問が付きます。

■応答パターン

基本は Yes/No 疑問文と同じことに気を付けて解きます。カギは、否定もしくは付加疑問文だと思ったら、「Yes/No 疑問文だ」と考えて解くことです。

6. 選択疑問文

■どんな問題？

A か B のいずれかを尋ねる問題です。文頭に Which、文中に or が入った疑問文（機能文含む）はこれに相当します。

■応答パターン

基本的に以下の 5 つに分かれます。

例：ビーフかポークかを尋ねられた場合。
① A か B のいずれか（ビーフかポークのいずれか）を答える。
② どちらでもよい場合：Either is good.「どちらでもいいですよ」等の表現で答える。
③ どちらも欲しい場合：both, all を用いて「両方」「すべて」という表現で答える。
④ どちらでもない場合：neither を用いた表現で答える。
⑤ どちらかを否定することで、もう一方を選択する解答。
　　I don't like pork.（＝ビーフがいい）

Part 3、4

【解答の手順】
① 設問を先読みし、簡単な日本語に要約して記憶

内容理解に必要な箇所だけを読み、「自分の言葉」で要約して記憶にとどめます。英語のまま設問を記憶することができる場合には、極力そのようにする方が効率的です。

② 設問と選択肢をすべて読む

設問と選択肢の内容を、できる限り記憶に刷り込みましょう。各選択肢に共通する部分は読まなくても問題ありません。内容を理解するのに必要な部分だけを読むようにし

ます。例えば What does the woman mention about her company? であれば、does the woman mention の部分は読んでも読まなくても解答する際に不都合はありません。「女性が正解につながるヒントを言ってくれる」ということをしっかりと認識し、「女性の会社の何かが話題になる」と認識すれば良いのです。もちろんこのような効率化を図る方法ではなく、設問も選択肢もすべてをきちんと読んで理解できる力を身に付けられるようトレーニングすることが肝要です。すべての選択肢を読み終えたら、3 つの設問だけを繰り返し読みながら、音声が流れるのを待ちます。これを行うことにより、設問の内容がより濃く記憶に刷り込まれるため、会話を聞き取っている間は音声と選択肢の内容のみに集中することができます。

③「正解のヒント」が聞こえた瞬間に答えをマークする

　会話・トークの音声を聞きながら、設問を上から順に解答していきます。「正解のヒント」が聞こえたらその瞬間にマークします。正解の根拠の英文が流れると同時に、その内容と選択肢を照合し、正解の記号をマークします。すぐに 2 問目の選択肢に視線を向け、正解の根拠が聞こえたら選択肢と照合してマーク、3 問目も同様に解答します。ひとつひとつしっかりマークしようとすると集中が途切れてしまうので、会話・トークを聞いている間は軽く印をつける程度で、3 問すべて解答し終えてから塗りつぶすようにしましょう。

④ 選択肢の音声が読み上げられている間に次のセットの設問と選択肢を先読みする

　2 問目の設問の音声が流れる前にそのセットの 3 問分の解答を終えてマークし、次のセットの設問と選択肢の先読みに移ります。

【問題タイプ別攻略法】
1.　WH 疑問詞の問題

　Part 3、4 では、選択肢で使用されている語句が会話・トークの中でもそのまま登場する場合が少なくありません。WH 疑問詞の場合は、選択肢もしっかり読み込むようにしましょう（会話やトークで聞き取れない部分があった場合には、Part 3、4 では「聞こえた表現を含む選択肢」をマークするようにすることをお勧めします）。

　何を問われているのかを、会話・トークが流れる前に見極めることで、聞き逃しを防ぎます。WH 疑問詞の問題では、主に下記の内容が問われます。

・概要を問う問題
　例：Where most likely are the speakers?
・詳細を問う問題
　例：What does the man want the woman to do?
・次の行動を問う問題
　例：What will the woman do next?

・依頼・提案・勧誘・申し出の内容を問う問題

　例：What solution does the man offer to the woman?

2. 意図問題

　選択肢が長く、問われている発言の前後の内容や文脈をしっかり理解する必要があるので、上級者でも解答するのが難しい問題である場合が多いです。「問われているのは誰の発言なのか」を確認し、選択肢の内容も大まかに理解しておきましょう。高難度なので、これまで「捨て問」としていた方も多いかもしれませんが、ハイスコアを目指すのであれば、本書で正しい解答法を身に付けましょう。

例：What does the woman imply when she says, "I've never noticed that"?

3. 図表問題

　図表問題は、攻略法を理解していれば決して難しいものではありません。

　まず、図表の中で選択肢と共通する部分を探します。そして、その共通している部分と対応している内容を確認します。図表問題では、「選択肢に書かれていること」ではなく、「図表に書かれていること」が正解の根拠として会話・トークの中に出てくるので、聞き逃さないように気を付けましょう。

例：

Central Tower Directory	
Elevator A	Floors 1-20
Elevator B	Floors 21-40
Elevator C	Floors 41-60
Elevator D	Floors 61-80

Look at the graphic. Which elevator is the man going to take?

(A) Elevator A
(B) Elevator B
(C) Elevator C
(D) Elevator D

3 | スコア飛躍のトレーニング

　スコアアップに向けた Part 1-4 のトレーニング方法をご紹介します。問題を解いて解説を読んだ後は、それぞれの問題を使って次のトレーニングを行い、着実に実力をつけていきましょう。

Part 1

・分からなかった音・意味をチェックする

　すべての選択肢の文を再度聞いてみて、音が聞き取れていたかチェックし、聞き取れなかった箇所にアンダーラインを引いて、その部分を特に注意して聞き直してみましょう。
　スクリプトを見ても分からない語句の意味をチェックしましょう。

・不正解の理由を考える

　もう一度問題を聞いて、不正解の選択肢の理由を考えましょう。1つの選択肢を聞き終わった瞬間に、「この選択肢は動作が違う」「この選択肢は目的語が違う」といったように、時間内に自分で考えることができることを目指してください。

・音声を聞き、リピートする

　1文ずつスクリプトを見ながら音声を聞き、自分で実際に声に出してみましょう。慣れてきたら本文を見ずに音声に続けてリピートしてみてください。

・（余裕があれば）ディクテーションする

　余裕があれば選択肢1文ずつ音声を聞いて、文を書き取りましょう。冠詞等含め、完璧に書き取れることよりも、「すべて聞き取れ、意味が取れること」ができれば OK、としてください。時間がなければ、間違えた、聞き取れなかった文だけやる、でもかまいません。

・問題で使われている語句を確認する

　一度出会った語句は、確実に自分のものにしておきましょう。

・スペシャルトレーニング！受け身の現在完了形 / 現在進行形を聞き分ける

　問題によっては、受け身の現在完了形と現在進行形を聞き分けることができない場合もあると思いますので、スペシャルトレーニングを用意しました。苦手だな、と思う方は 108 ページを参照してトレーニングを積み、克服してください。

Part 2

・分からなかった音・意味をチェックする

　間違いの選択肢を含む、すべての会話の中で音が聞き取れていたかチェックし、聞き取れなかった箇所にアンダーラインを引いて、その部分を特に注意して聞き直してみましょう。

　スクリプトを見ても分からない語句の意味をチェックしましょう。

・正解・不正解の理由を考える

　もう一度問題を聞いて、不正解の選択肢の理由を考えましょう。なぜ正解の選択肢が正解なのか、という点もここで納得いくまで確認してください。復習の際にできるだけ素早く判断できることを目安にしましょう。

・音読する

　スクリプトを見ながら１文ずつ音声を聞き、続けて音読しましょう。会話中のナレーターの音声と自分の認識のズレをここで確認してください。慣れてきたら、スクリプトを見ないで音声を聞いてリピートできるか確認しましょう。必要に応じて、慣れてきた後で音声を聞いて書き取る（ディクテーション）のも効果的です。正しい音を掴むことで、リスニングの精度を上げます。

・問題で使われている語句を確認する

　一度出会った語句は、確実に自分のものにしておきましょう。

Part 3、4

解答技術

・設問の先読み、問題タイプの見極めを特訓する

　本番の試験で、Directions の音声や前のセットの設問の音声が流れている間に１セット分の設問と選択肢の先読みが完璧にできるようにします。

　設問と選択肢をできる限り速く読む練習を繰り返し行いましょう。

　　◎まずは設問だけを読んで問題タイプを見極める
　　→　設問を簡単な日本語に要約し、内容を頭に叩き込んでおきます。
　　◎次に設問＋選択肢を読む
　　→　設問と選択肢の内容を、できる限り記憶に刷り込みましょう。各選択肢に共通する部分は読まなくても OK です。

　本番では、会話やトークの後に流れる、２問目の設問の音声が流れる前にそのセットの３問分の解答を終えてマークし、次のセットの先読みに移りましょう。

学習法

・英文の意味と文法事項を確認する

　意味の分からない単語やフレーズ、文法をすべて洗い出します。１つでも分からない部分がある場合は、必ず辞書や文法書で確認するクセをつけましょう。

・音読する

　音読を繰り返し行うことで、英語のままの語順で日本語に訳すことなく理解する感覚を掴みましょう。

　オーバーラッピングとシャドーイングという２つの音読をおすすめします。

◎オーバーラッピング

英文を見ながら、音声と同時に声に出して読む方法です。

イントネーションや間を、可能な限り真似をして読むようにしましょう。

同じ英文に対して 50〜100 回は行ってください。

◎シャドーイング

音声から少し遅れて、影のように後をついていくように英文を音読する方法です。

文の内容を理解したら、まずは英文を見ながら、発音を真似しつつ読みます。

これを同じ英文に対して最低 30〜50 回繰り返しましょう。その後、英文を見ずに音声を聞きながら、声に出して言うトレーニングを行います。

英語の語順のまま意味が理解できるまで繰り返しましょう。

・問題で使われている語句を確認する

　一度出会った語句は、確実に自分のものにしておきましょう。

　次のページからは、「よりぬき！テスト」で解いた問題を使って、上記のトレーニングをナビゲートします！ナビゲーションに沿って学習をすすめるだけで、トレーニングを一巡することができます。一度シミュレーションしてみた後は、ぜひ他の問題でも実践してみてください。

※「トレーニングをナビゲート！」では、「よりぬき！テスト」の各 Part No.1〜3 の問題を使って、トレーニングを細かく説明しています。

　トレーニングの流れが掴めたら

　（ 問題を解く ）→（ 解説を確認 ）→（ トレーニング ）

　の一連の流れを早速実践してみましょう！

※「よりぬき！テスト」の残りの問題についても、同様のトレーニングを行えばより力がつきますので、是非自主学習にお役立てください。

よりぬき！テスト　解説　概要・攻略法　トレーニング　問題　解説　確認テスト　解説

1.

🎧 Track 001

(A) All the curtains are being spread out.
(B) Some plants are in front of a house.
(C) Some shadows have been cast on the ground.
(D) Some windowpanes are being painted.

1 分からなかった音・意味
をチェックしよう！

不正解

(A) _____

(C) _____

(D) _____

2 不正解の理由を考えよう！

2.

Track 002

(A) Some chairs are unoccupied.
(B) Some people are sitting by a rectangular table.
(C) One of the women is clearing some flowers.
(D) One of the men is pushing a food cart.

不正解

(B) _____

(C) _____

(D) _____

よりぬき！テスト

解説

概要・攻略法

トレーニング

問題

解説

確認テスト

解説

3.

🎧 Track 003

(A) The stairs have been blocked by a bush.
(B) A table has been placed between two beds.
(C) A special menu is being served.
(D) A garment is on a round table.

不正解

(A) _____

(C) _____

(D) _____

④
余裕がある人は
ディクテーション
にも挑戦しよう！

1. W

🎧 Track 001

(A) All the curtains are being spread out.
(B) Some plants are in front of a house.
(C) Some shadows have been cast on the ground.
(D) Some windowpanes are being painted.

2. W

🎧 Track 002

(A) Some chairs are unoccupied.
(B) Some people are sitting by a rectangular table.
(C) One of the women is clearing some flowers.
(D) One of the men is pushing a food cart.

3. M

🎧 Track 003

(A) The stairs have been blocked by a bush.
(B) A table has been placed between two beds.
(C) A special menu is being served.
(D) A garment is on a round table.

③ 音声を聞き、リ
ピートしよう！

1. (A) _____
　　(B) _____
　　(C) _____
　　(D) _____

2. (A) _____
　　(B) _____
　　(C) _____
　　(D) _____

3. (A) _____
　　(B) _____
　　(C) _____
　　(D) _____

よりぬき！テスト

解説

概要・攻略法

トレーニング

問題

解説

確認テスト

解説

- [ ] spread out
- [ ] cast
- [ ] windowpane
- [ ] unoccupied
- [ ] rectangular
- [ ] food cart
- [ ] bush
- [ ] garment
- [ ]
- [ ]
- [ ]
- [ ]
- [ ]
- [ ]
- [ ]
- [ ]
- [ ]
- [ ]
- [ ]
- [ ]
- [ ]
- [ ]
- [ ]
- [ ]

～を広げる
～を投じる
窓ガラス
占有されていない
長方形（の）
屋台
低木の茂み
衣服

5 語句を確認しよう！
空いたスペースを使って、自分なりの
語彙リストを作成してみよう。

よりぬき！テスト

解説

概要・攻略法

トレーニング

問題

解説

確認テスト

解説

受け身の現在完了形 / 現在進行形を聞き分けよう！

受け身の現在完了形 / 現在進行形は、聞き間違えると正解できないケースが多いです。そのため、これらをしっかり聞き分けられるかどうかは、Part 1 攻略かつレベルアップしていくポイントとして重要な部分です。

下記について、それぞれ音声を聞いて、自分で聞き分けられるかチェックしてみてください。どうしても聞き分けられない場合は、音声をスロー再生にしてみると分かるかもしれません。現在完了形の have(has) と現在進行形で使われる be 動詞（are, is）に注意して聞き分けてみましょう。

(A) The stairs <u>have been</u> blocked by a bush.

The stairs <u>are being</u> blocked by a bush.

(B) A table <u>has been</u> placed between two beds.

A table <u>is being</u> placed between two beds.

(C) A special menu <u>has been</u> served.

A special menu <u>is being</u> served.

いかがでしたか？
これらは、少し時間をおいて訓練を繰り返す等、ある程度の回数を聞いて、話して、書いて、といろいろとトレーニングをすることで克服できますので、「あ、苦手だな」と思ったらこのページに戻って何度もトライしてみてください。

トレーニングをナビゲート！ Part 2

1. When do we usually receive shipments? 🎧 Track 004

    (A) You should already have a receipt.
    (B) Oh, did you order something?
    (C) Mr. Wang did it at 5 P.M.

① 分からなかった音・意味をチェックしよう！

正解

(B) _____

不正解

(A) _____

(C) _____

② 正解・不正解の理由を考えよう！

2. I'm afraid I couldn't make it to the meeting. 🎧 Track 005

    (A) I'll e-mail you later.
    (B) We are making another one next week.
    (C) OK. See you then.

正解

(A) _____

不正解

(B) _____

(C) _____

3. Could you please give me access to the Anderson accounts?

    (A) It's 40 Westchester road, New York.
    (B) I'll need permission from my manager.
    (C) Sure, it's 50 percent.

> 正解

(B) _____

> 不正解

(A) _____

(C) _____

4
余裕がある人は
ディクテーション
にも挑戦しよう！

1. M 🇨🇦 **W** 🇺🇸　　　　　　　🎧 Track 004

When do we usually receive shipments?

(A) You should already have a receipt.
(B) Oh, did you order something?
(C) Mr. Wang did it at 5 P.M.

2. W 🇬🇧 **M** 🇦🇺　　　　　　　🎧 Track 005

I'm afraid I couldn't make it to the meeting.

(A) I'll e-mail you later.
(B) We are making another one next week.
(C) OK. See you then.

3. M 🇦🇺 **M** 🇨🇦　　　　　　　🎧 Track 006

Could you please give me access to the Anderson accounts?

(A) It's 40 Westchester road, New York.
(B) I'll need permission from my manager.
(C) Sure, it's 50 percent.

1. (A) _____

　　(B) _____

　　(C) _____

2. (A) _____

　　(B) _____

　　(C) _____

3. (A) _____

　　(B) _____

　　(C) _____

111

☐ shipment
☐ make it to
☐ access to
☐ permission
☐
☐
☐
☐
☐
☐
☐
☐
☐
☐
☐
☐
☐
☐
☐
☐
☐
☐
☐
☐

（発送する）荷物
〜に行く（= come to）
〜にアクセス（接続）する権利
許可

5 語句を確認しよう！空いたスペースを使って、自分なりの語彙リストを作成してみよう。

よりぬき！テスト　解説　概要・攻略法　トレーニング　問題　解説　確認テスト　解説

113

🎧 Track 020-022

1. What are the speakers talking about?

(A) A new management
(B) Working styles
(C) A new office policy
(D) Their current work

選択肢の先読みを特訓しよう！
◎設問だけを読んで問題タイプ
　を見極める
◎設問＋選択肢を読む
の流れを体に叩き込もう。

2. What does the woman say is needed for their office?

(A) A more creative workplace
(B) Clearer communication
(C) More interesting assignments
(D) A relaxed working environment

3. Why does the woman say, "Finally"?

(A) She thinks the old management didn't listen.
(B) She has been waiting.
(C) She has something to say.
(D) She believes that the new management is friendly.

4. Where most likely are the speakers?

(A) At a beverage factory
(B) At a hospital
(C) At a campsite
(D) At a school

5. What does the woman want the man to do?

(A) Clean the floor
(B) Go to the cafeteria
(C) Join her for lunch
(D) Tidy up her office

6. What does the woman imply when she says, "I've never thought about that"?

(A) The men don't do their work easily.
(B) The men work every day.
(C) The men want to help.
(D) The men are friendly.

7. Why are they attending a conference?

(A) To visit New York City
(B) To give presentations to their clients
(C) To decide on next year's business plan
(D) To meet with their coworkers

8. According to the man, what is the woman good at?

(A) Being friendly
(B) Arranging large events
(C) Giving presentations
(D) Finding the cheapest rates

9. What does the man mean when he says, "I'm really nervous about it!"?

(A) He would rather not think about his presentation.
(B) The conference is a bad idea.
(C) His plan has changed.
(D) He won't give a presentation.

M 🇦🇺 W 🇬🇧 Track 020

M Have you met Henry, the new office manager?

W I did! He seems really friendly and positive. What do you think of him?

M I completely agree. I had a meeting with him this morning, and he has some really good ideas to make the office more efficient.

W That's exactly what we need. If we can be more efficient, then maybe everyone wouldn't be so stressed in the office.

M Let's hope so. Actually, Henry has planned an office meeting this evening so we can talk about other changes we would like to see.

W That's great news! Finally, we've got management that listens to us.

3 オーバーラッピングと
シャドーイングを実践
しよう。

1. What are the speakers talking about?

(A) A new management
(B) Working styles
(C) A new office policy
(D) Their current work

2. What does the woman say is needed for their office?

(A) A more creative workplace
(B) Clearer communication
(C) More interesting assignments
(D) A relaxed working environment

3. Why does the woman say, "Finally"?

(A) She thinks the old management didn't listen.
(B) She has been waiting.
(C) She has something to say.
(D) She believes that the new management is friendly.

☐ seem
☐ positive
☐ completely
☐ agree
☐ efficient
☐ exactly
☐ what
☐ stressed
☐ actually
☐ plan
☐ finally
☐
☐
☐
☐
☐
☐
☐
☐
☐
☐
☐
☐
☐

～のように見える、思える
前向きだ
完全に
同意する、意見が合う
効率的な
まさに、その通り
～なこと
ストレスを感じる
実際、本当に
～を計画する
ついに

④ 語句を確認しよう！
空いたスペースを使って、
自分なりの語彙リストを
作成してみよう。

🎧 Track 027-029

①
選択肢の先読みを特訓しよう！
◎設問だけを読んで問題タイプ
　を見極める
◎設問＋選択肢を読む
の流れを体に叩き込もう。

1. In which department does the speaker most likely work?

(A) Human Resources
(B) Research and Development
(C) Operations
(D) Security

2. Why does the speaker say, "We have to gain control of this situation"?

(A) A trend cannot be allowed to continue.
(B) A facility has some dangerous materials.
(C) A change has to be explained to staff.
(D) A reorganization of the company is necessary.

3. What credentials does the speaker mention?

(A) Length of service at the company
(B) Access to certain technologies
(C) Knowledge of a field
(D) Experience in training

4. What is the broadcast mainly about?

(A) A store opening
(B) A charity dinner
(C) A trade show
(D) A sporting event

5. Why does the speaker say, "There are still ways to help"?

(A) To encourage people to give some money
(B) To assure that there are several roads to the park
(C) To complain about the low public participation
(D) To ask more volunteers to sign up for a group

6. What will the speaker most likely do next?

(A) Begin an advertisement
(B) Play some music
(C) Read the news
(D) Provide a weather report

7. Who is the message intended for?

(A) A car parts supplier
(B) A potential customer
(C) A motoring journalist
(D) A colleague of the speaker

8. Why is the woman calling?

(A) To apologize for a delay
(B) To confirm an appointment
(C) To request more information
(D) To offer transportation

9. What will happen at the end of the month?

(A) The speaker will begin a business trip.
(B) A new product will be launched.
(C) A schedule will return to normal.
(D) A promotional offer will expire.

M

Welcome everyone. On the screen behind me, you'll see recent operations expense figures. A copy of this was e-mailed to you this morning, so feel free to download that onto your laptops to review. My team and I have identified several factors, including worker salaries, outdated machinery, utilities, and supplies, that are causing costs to rise. Our main goal today is to see how we can reduce some of these factors I just mentioned. We have to gain control of this situation. All of you are here today because you're the company's best experts on this kind of project.

1. In which department does the speaker most likely work?

(A) Human Resources
(B) Research and Development
(C) Operations
(D) Security

2. Why does the speaker say, "We have to gain control of this situation"?

(A) A trend cannot be allowed to continue.
(B) A facility has some dangerous materials.
(C) A change has to be explained to staff.
(D) A reorganization of the company is necessary.

3. What credentials does the speaker mention?

(A) Length of service at the company
(B) Access to certain technologies
(C) Knowledge of a field
(D) Experience in training

- [ ] operation
- [ ] expense
- [ ] figure
- [ ] identify
- [ ] factor
- [ ] outdated
- [ ] utility
- [ ] mention
- [ ] expert
- [ ]
- [ ]
- [ ]
- [ ]
- [ ]
- [ ]
- [ ]
- [ ]
- [ ]
- [ ]
- [ ]
- [ ]
- [ ]
- [ ]
- [ ]
- [ ]

| 運営 |
| 費用 |
| データ、数字 |
| 特定する |
| 要因 |
| 古い、時代遅れの |
| 公共料金 |
| 述べる |
| 専門家 |
| |
| |
| |
| |
| |
| |
| |
| |
| |
| |
| |
| |
| |

④ 語句を確認しよう！
空いたスペースを使って、
自分なりの語彙リストを
作成してみよう。

よりぬき！テスト

解説

概要・攻略法

トレーニング

問題

解説

確認テスト

解説

🎧 Track 034-039

1.

2.

3.

4.

よりぬき！テスト

解説

概要・攻略法

トレーニング

問題

解説

確認テスト

解説

5.

6.

トレーニング問題

1. Mark your answer on your answer sheet.

2. Mark your answer on your answer sheet.

3. Mark your answer on your answer sheet.

4. Mark your answer on your answer sheet.

5. Mark your answer on your answer sheet.

6. Mark your answer on your answer sheet.

7. Mark your answer on your answer sheet.

8. Mark your answer on your answer sheet.

9. Mark your answer on your answer sheet.

10. Mark your answer on your answer sheet.

11. Mark your answer on your answer sheet.

12. Mark your answer on your answer sheet.

13. Mark your answer on your answer sheet.

14. Mark your answer on your answer sheet.

15. Mark your answer on your answer sheet.

16. Mark your answer on your answer sheet.

17. Mark your answer on your answer sheet.

18. Mark your answer on your answer sheet.

19. Mark your answer on your answer sheet.

20. Mark your answer on your answer sheet.

21. Mark your answer on your answer sheet.

22. Mark your answer on your answer sheet.

23. Mark your answer on your answer sheet.

24. Mark your answer on your answer sheet.

よりぬき！テスト / 解説 / 概要・攻略法 / トレーニング / 問題 / 解説 / 確認テスト / 解説

🎧 Track 064-077

1. What kind of work do the speakers most likely do?

(A) Research and development work
(B) Manufacturing work
(C) Consultancy work
(D) Transportation and shipping work

2. Why does the man say, "As you know, I'm new here"?

(A) To ask for a new job
(B) To request more time
(C) To explain why he's worried
(D) To make the woman feel bad

3. What solution does the woman offer to the man?

(A) Talking to her clients
(B) Observing her working
(C) Apologizing to his clients
(D) Delaying the meeting

4. Where do the speakers most likely work?

(A) In the sales department
(B) In the general affairs department
(C) In the marketing department
(D) In the manufacturing department

5. What does the woman mean when she says, "You'll be fine"?

(A) The travel agent is expecting a call.
(B) The man is doing a good job.
(C) She won't call the travel agent.
(D) There will be a flight available.

6. What will the man do next?

(A) Call the travel agent
(B) Write down the phone number
(C) Contact Mr. Smith
(D) Book a room in the hotel

7. What are the speakers discussing?

(A) Their financial situations
(B) Giving each other rides
(C) Exchanging cars
(D) The problems with traffic

8. What advantages does the woman mention?

(A) Benefiting the environment
(B) Saving money
(C) Getting to be more sociable
(D) Limiting time spent

9. What will the speakers do tomorrow?

(A) Commute together
(B) Discuss the idea further
(C) Go on a business trip together
(D) Find one more person

10. Where are the speakers most likely?

(A) At a ticketing office
(B) At a hotel reception desk
(C) At a shop
(D) At a museum

11. What does the woman need help with?

(A) Getting on the train
(B) Paying for the tickets
(C) Finding a good route
(D) Planning her meeting

12. What does the woman need to do in Rochester?

(A) Meet a friend
(B) Book a ticket
(C) Change trains
(D) Attend a meeting

13. What division is the woman in?

(A) Accounting
(B) Marketing
(C) Customer relations
(D) Purchasing

14. What does the woman say they have a lot of?

(A) Staples
(B) Envelopes
(C) Paper
(D) Ink

15. What will the woman do next week?

(A) Talk to investors
(B) Order ink to print the reports
(C) Send the investor reports
(D) Take inventory

16. Where does the woman most likely work?

(A) In a department store
(B) In a community center
(C) In a tech firm
(D) In a restaurant

17. What does the man say he is going to do tomorrow?

(A) Clean an oven
(B) Find a model number
(C) Bring in a broken device
(D) Repair an old machine

18. What does the woman mean when she says, "I thought you'd say that"?

(A) She thinks a complaint has been satisfied.
(B) She expected the proposal that was offered.
(C) She wants a different type of recommendation.
(D) She has to transfer the call to someone else.

19. What is the conversation mainly about?

(A) The number of workers at a facility
(B) The rising costs of home ownership
(C) The renovation of a warehouse
(D) The promotion of an individual

20. What does the woman mean when she says, "I can understand his situation"?

(A) A change has already been made.
(B) A supervisor lacks some resources.
(C) An important shipment is long overdue.
(D) An employee will be given a holiday.

21. What does the woman ask the man to do?

(A) Increase the current budget
(B) Bring in advanced equipment
(C) Get in touch with contractors
(D) Suggest more practical options

22. What does the woman want to pick up?

(A) A permission slip
(B) A machine
(C) Some samples
(D) Some supplier logos

23. What does the man suggest the woman do?

(A) Wait for a delivery truck
(B) Come back on Wednesday
(C) Hand over a document
(D) Pay a small fee

24. Why does the man say, "That's unlikely"?

(A) To reassure the woman
(B) To avoid looking for a package
(C) To explain the loss of a container
(D) To express his disappointment

25. What kind of business does the woman work for?

(A) An investment company
(B) An office supplies company
(C) An advertising agency
(D) A marketing agency

26. What advice does the man give?

(A) Borrowing money
(B) Buying a new office
(C) Hiring new employees
(D) Taking the contract

27. What does the woman need the money for?

(A) Finding new customers
(B) Completing a new contract
(C) Training her staff
(D) Upgrading her office equipment

28. Who most likely is the woman?

(A) A receptionist
(B) A pastry chef
(C) A waitress
(D) A cashier

29. Look at the graphic. Which cream did the woman most likely taste?

(A) Fine Dairy
(B) Sunny Vale
(C) Sweet Delight
(D) Organic Skies

30. What does the man want the woman to do?

(A) Prepare some extra filling
(B) Learn how to make pies
(C) Teach new employees
(D) Work later than usual

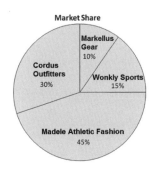

Market Share

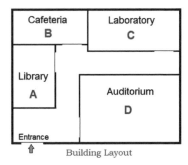

Building Layout

31. According to the man, what have customers said about the Web site?

(A) Its selection is not wide enough.
(B) Its design is behind the times.
(C) Some products are overpriced.
(D) The payment process is faulty.

32. Look at the graphic. Which company will be benchmarked?

(A) Markellus Gear
(B) Wonkly Sports
(C) Madele Athletic Fashion
(D) Cordus Outfitters

33. What does the man offer to do?

(A) Design a new Web site
(B) Buy some online advertisements
(C) Update a monthly presentation
(D) Speak with some specialists

34. What are the speakers mainly discussing?

(A) Participating in a workshop
(B) Copying some documents
(C) Preparing a keynote speech
(D) Attending a ceremony

35. Look at the graphic. Where will the event be held?

(A) In the library
(B) In the cafeteria
(C) In the laboratory
(D) In the auditorium

36. What does the woman suggest?

(A) Purchasing some books
(B) Inviting some coworkers
(C) Accompanying one another
(D) E-mailing an instructor

9 A.M. -10 A.M.	Department meeting
10 A.M. - 11 A.M.	Client consultation
11 A.M. - 12 P.M.	
12 P.M. - 1 P.M.	Lunch with Jessica Brown (VIP client)
1 P.M. - 2 P.M.	
2 P.M. - 3 P.M.	Quality control meeting

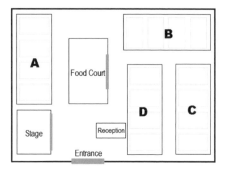

37. What problem does the woman mention?

(A) Some meetings have been canceled.
(B) Some equipment is not available.
(C) A deadline cannot be met.
(D) A projector is not working.

38. Look at the graphic. When will the man visit the store?

(A) 9 A.M. - 10 A.M.
(B) 11 A.M. - 12 P.M.
(C) 12 P.M. - 1 P.M.
(D) 1 P.M. - 2 P.M.

39. What does the man ask the woman to do?

(A) Send some information
(B) Reply to some letters
(C) Review a presentation
(D) Contact a staff member

40. What most likely is the man's job?

(A) Real estate agent
(B) Event organizer staff
(C) Hotel interior decorator
(D) Cinema counter employee

41. What does the woman want to do this evening?

(A) Speak to a manager
(B) Get a discount
(C) Watch a fashion show
(D) Hear some lectures

42. Look at the graphic. Where will the woman most likely meet her colleagues?

(A) In Section A
(B) In Section B
(C) In Section C
(D) In Section D

🎧 Track 078-087

1. Where does the speaker most likely work?

(A) At a fashion company
(B) At a government office
(C) At an IT firm
(D) At an event planner

2. What did the listeners recently do?

(A) Become members of a firm
(B) Complete a consumer survey
(C) Organize a conference
(D) Earn a series of patents

3. Why does the speaker say, "Please hold them for just a little while longer"?

(A) To show that she is too busy at the moment
(B) To delay the handing over of some documents
(C) To indicate that another person will have answers
(D) To assert that goals should be reached as soon as possible

4. What is the speaker mainly discussing?

(A) A flight schedule
(B) A travel agency
(C) A catering plan
(D) A client's itinerary

5. What does the speaker say the listeners will do after the factory tour?

(A) Have a conference
(B) Return to a hotel
(C) Contact an office
(D) Go out for a meal

6. Why does the speaker say, "Remember, she's only going to be here for one day"?

(A) To assure that potential expenses will be limited
(B) To suggest that no deadline extension will be allowed
(C) To imply that a good impression should be made
(D) To express disappointment over a short assignment

よりぬき！テスト

解説

概要・攻略法

トレーニング

問題

解説

確認テスト

解説

7. What type of product is being discussed?

(A) A printing device
(B) A new vehicle
(C) A software package
(D) A piece of furniture

8. What does the speaker imply when she says, "I've never seen anything like it"?

(A) A team was well-organized.
(B) A system was efficient.
(C) A location was ideal.
(D) An effort was impressive.

9. Why does the speaker mention the engineers?

(A) They helped the company meet a deadline.
(B) They reduced their usual amount of overtime.
(C) They suggested design changes to a laboratory.
(D) They lowered the ordinary production costs.

10. What does the speaker mean when he says, "it's not just you"?

(A) Many people have similar problems.
(B) Support is available when needed.
(C) An activity must be done in pairs.
(D) Some advice is not suitable for everyone.

11. What has the government attempted to do?

(A) Simplify the method of calculating tax
(B) Spend less money on public salaries
(C) Make a Web site more user-friendly
(D) Raise public awareness of a law

12. What does the speaker say about a campaign?

(A) It finished earlier than planned.
(B) It is well under budget.
(C) Its effects are not yet known.
(D) It targeted younger citizens.

13. What is Glendale Tower?

(A) An historic site
(B) An office building
(C) A residential development
(D) A shopping mall

14. Who is James Kelly?

(A) An artist
(B) An athlete
(C) An architect
(D) A politician

15. What can the listeners do on Sunday?

(A) View an interior
(B) Receive a discount
(C) Make a reservation
(D) Participate in a show

16. What is the announcement about?

(A) A work schedule
(B) An office meeting
(C) A new facility
(D) A staff transfer

17. According to the speaker, what happens every March?

(A) Clients submit annual requests.
(B) The amount of work increases.
(C) Office tasks are reassigned.
(D) Managers inspect the factory.

18. What are the listeners encouraged to do?

(A) Be flexible with working hours
(B) Attend an event
(C) Make some budget plans
(D) Go to the personnel department

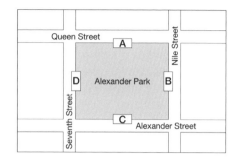

19. For whom is the message most likely intended?

(A) A potential customer
(B) A printing company
(C) A Marvelous Furnishings employee
(D) A furniture supplier

20. Look at the graphic. What information is incorrect?

(A) March 3-5
(B) 8 A.M.
(C) 25%
(D) 30%

21. What does the speaker mention about the sale?

(A) It happens in two locations.
(B) It may be extended.
(C) It is becoming more popular.
(D) It takes place once a year.

22. What will take place on Saturday?

(A) A music festival
(B) A sports event
(C) A vehicle display
(D) A cultural parade

23. Look at the graphic. Which entrance will subway users most likely use?

(A) Entrance A
(B) Entrance B
(C) Entrance C
(D) Entrance D

24. What does the speaker advise?

(A) Purchasing tickets early
(B) Sharing a car
(C) Printing a map
(D) Bringing refreshments

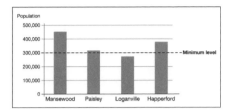

Name	Notes
Sara Lighthouse	Great communication skills
Andrea Goodson	Can start immediately
Penny Wang	Advanced computer skills
Prisha Gupta	5 years' experience

25. Who most likely is speaking?

(A) A real estate agent
(B) A production manager
(C) A car designer
(D) A retail executive

26. Look at the graphic. Which area does the speaker favor?

(A) Mansewood
(B) Paisley
(C) Loganville
(D) Happerford

27. Why will photos be displayed?

(A) To show potential problems
(B) To highlight differences between areas
(C) To illustrate a factory layout
(D) To explain a customer preference

28. Where does the speaker most likely work?

(A) At a medical clinic
(B) At a college
(C) At a hotel
(D) At an employment agency

29. Look at the graphic. For whom is the message intended?

(A) Sara Lighthouse
(B) Andrea Goodson
(C) Penny Wang
(D) Prisha Gupta

30. What should the listener do first?

(A) Return the call
(B) Send proof of qualifications
(C) Carefully read a contract
(D) E-mail details of her salary

よりぬき！テスト

解説

概要・攻略法

トレーニング

問題

解説

確認テスト

解説

141

Part 1	正答
1	B
2	B
3	A
4	C
5	A
6	A

Part 2	正答
1	A
2	A
3	B
4	B
5	B
6	C
7	C
8	A
9	B
10	C
11	A
12	C
13	A
14	B
15	A
16	A
17	A
18	B
19	B
20	B
21	A
22	A
23	A
24	A

Part 3	正答	Part 3	正答
1	C	31	B
2	C	32	C
3	B	33	D
4	B	34	A
5	C	35	A
6	C	36	C
7	B	37	B
8	C	38	D
9	A	39	C
10	A	40	B
11	C	41	D
12	D	42	A
13	A		
14	C		
15	C		
16	A		
17	C		
18	B		
19	A		
20	B		
21	C		
22	C		
23	C		
24	A		
25	D		
26	A		
27	B		
28	B		
29	C		
30	C		

Part 4	正答
1	C
2	A
3	C
4	D
5	D
6	C
7	B
8	D
9	A
10	A
11	D
12	C
13	C
14	B
15	A
16	D
17	B
18	B
19	B
20	D
21	D
22	B
23	D
24	A
25	D
26	C
27	B
28	A
29	D
30	B

解説

Part**1**

1. M

🎧 Track 034

(A) Some women are stacking some shelves.
(B) They are working on a countertop.
(C) One of the women is putting on an apron.
(D) They are standing next to a sink.

(A) 何人かの女性が棚を積み重ねている。
(B) 彼女らは調理台で作業をしている。
(C) 女性の一人がエプロンを着用しようとしている。
(D) 彼女らは流し台の隣に立っている。

正解　B

問題のタイプ　複数の人物

解説

調理台に、複数の人がいて何かをしています。その状態を work on「作業する」という語で示している（B）が正解となります。何かしら作業をしている場合、work on という抽象度の高い語はほぼ当てはまります。また、countertop は台所などの調理台のことです。

✓ 間違いの選択肢もチェックしよう！

(A) 棚を積み重ねる動作をしている人はいません。
(C) エプロンを身に着けている人はいますが、着用しようとしている人はいません。
　　wear であれば「身に着けている」という状態を表しますので、正解となります。
(D) 写真には流し台が見えません。

➡ ここがポイント！

・work on は「働く」「作業する」という、抽象度が高い語です。
・put on は着用する動作、身に着けている状態は wear です。

［語句］

□ stack　〜を積み重ねる　　□ shelf（複数形：shelves）棚
□ countertop　調理台　　□ put on　〜を着用する　　□ apron　エプロン
□ next to　〜の隣で　　□ sink　流し台

2. W

🎧 Track 035

(A) Some seating has been removed from the bench.
(B) Some message boards are being displayed on the post.
(C) Some plants are growing in front of the pillows.
(D) Some cushions have been scattered on a path.

(A) ベンチから座席が外されている。
(B) 柱に掲示板が掲げられているところだ。
(C) 枕の前で植物が育っている。
(D) 小道の上にクッションが散乱している。

正解 B

問題のタイプ 風景

解説

屋外の写真で、真ん中にクッションのあるベンチ、その周辺に植物等が見えます。ベンチ隣の柱（post）にメッセージボードが掲げられており、それを受け身の進行形で are being displayed「掲げられているところである」と表現し、今掲示している状態を描写した（B）が正解です。通常受け身の進行形は今現在の動作を表すのですが、display, exhibit のような動詞は、「陳列する、展示する」という意味になるため、陳列、展示している「動作」も、陳列、展示されている「状態」も、両方示します。そのため、今掲げられている状態も受け身の進行形として表すことができます。

✅ 間違いの選択肢もチェックしよう！

(A) 座席が除去されたような描写はありません。
(C) 植物は見えますが、枕の前で育ってはいません。
(D) クッション、小道はそれぞれありますが、小道の上にクッションは散乱していません。

➡ ここがポイント！

・動作だけでなく、状態を示すこともできる受け身の進行形があることを押さえておきましょう！まずは display と exhibit を覚えれば OK です。
※ display「陳列する」, exhibit「展示する」等、状態を表す動詞の場合は、受け身の進行形でも正解になることもあります。

語句

□ bench ベンチ　□ post 柱　□ pillow 枕　□ scatter 〜をまき散らす
□ path 小道

144

3. M

🎧 Track 036

(A) Boxes have been piled on the curb.
(B) Plastic bags are being opened.
(C) People are walking towards the door.
(D) Trash is being cleared away.

(A) 箱が歩道の縁石の上に積み重ねられている。
(B) ビニール袋が開けられている。
(C) 人々がドアに向かって歩いている。
(D) ごみが片付けられている。

正解 **A**

問題のタイプ 複数の人物

解説

屋外の道路周辺に2人の人がいます。写真中央には、複数の箱が積み重ねられており、道路の縁石の上にありますので、それを受け身の完了形で描写した（A）が正解です。pile は「積み重ねる」という語で、Part 1 では頻出の語です。また curb 「縁石」も時折出現しますので、押さえておきましょう。

間違いの選択肢もチェックしよう！

(B) ここでいう plastic bag は、スーパー等の店舗で買い物した際に渡されるビニール袋のことです。写真にはありませんので不正解です。ちなみに、写真の包装は shrink-wrapping「収縮包装フィルム」と言ったりします。
(C) 人とドアは見えますが、複数の人がドアに向かって歩いてはいません。
(D) 写真中央の箱はごみのように見えますが、片付けている描写ではありません。

ここがポイント！

・受け身の完了形は、その動作・状態が少し前から継続して行われていることを表しています。
・箱は今積み重ねられた状態なので、この写真は現在形として Some boxes are piled... という表現でも表すことができます。

語句
☐ pile ～を積み重ねる ☐ curb 縁石 ☐ plastic bag ビニール袋
☐ trash ごみ ☐ clear away ～を片付ける

4. W 🎧 Track 037

(A) Most buildings are one-story.
(B) A bicycle has been propped up against a tree.
(C) Vehicles are parked in rows along the street.
(D) Some pedestrians are crossing the street.

(A) ほとんどの建物が 1 階建てである。
(B) 自転車が木に寄り掛かっている。
(C) 車が通り沿いに列をなして駐車されている。
(D) 歩行者が通りを渡っている。

正解 C

問題のタイプ 風景

解説

屋外の写真で、車が沿道に列をなして駐車されています。その描写を動詞 park、前置詞 along を使って表現した (C) が正解です。今現在駐車されているので現在形の受け身となっていますが、完了形として have been parked としても正解になります。「列をなして」を意味する in rows も表現として押さえておきましょう。

✅ 間違いの選択肢もチェックしよう！

(A) 1 階建ての建物は写真からは見えません。
(B) 写真内に自転車が見えず、木に何か立てかけられてもいません。
(D) 写真内には歩行者は見えません。

➡️ ここがポイント！

・主語の位置関係をどのように表しているか、正解の選択肢を見てチェックしておきましょう！

語句
□ one-story 1 階建て　□ prop XX up against YY　XX を YY に立てかける
□ in rows 列をなして　□ pedestrian 歩行者

5. M 🇨🇦

🎧 Track 038

(A) Some people are following a sign.
(B) Some people are descending some stairs.
(C) Some people are lining up to enter the building.
(D) Some people are wearing backpacks.

(A) 何人かの人々が標識に従っている。
(B) 何人かの人々が階段を降りている。
(C) 何人かの人々が建物に入るために並んでいる。
(D) 何人かの人々がバックパックを背負っている。

正解 **A**

問題のタイプ **複数の人物**

解説

屋内の地下道のようなところに複数の人がいます。写真中央上部にある右向きの矢印の方向に歩いている人が見えますので、これを follow a sign「標識に従う」と描写した（A）が正解です。全員が標識を見ているかは分かりませんが、標識の方向に向かっていることをこのように間接的に描写する場合もあるので、もし分からなかった場合はしっかり押さえておきましょう。

✔ 間違いの選択肢もチェックしよう！

(B) 写真には階段がありません。※ desend は時折出現する難語です。
(C) 写真の人たちはすでに屋内の建物内に入っています。
(D) バックパックを背負っている人は 1 人しかいません。主語が複数なので不正解です。

➡ ここがポイント！

・時折、間接表現が正解となることもあるので押さえておきましょう。
・主語が単数か、複数かも正解の判断になることもあるので気を付けましょう。

語句

☐ sign 標識　☐ descend ～を降りる　☐ line up 並ぶ
☐ backpack バックパック、リュックサック

6. W

(A) The tables have been cleared.
(B) Some portraits have been hung on the wall.
(C) The items are being placed on the shelves.
(D) Some light fixtures have been installed on the floor.

(A) テーブルの上は片付けられている。
(B) 肖像画がいくつか壁にかけられている。
(C) 品物が棚に置かれているところである。
(D) 照明器具が床に設置されたところだ。

正解　A

問題のタイプ　風景

解説

屋内の写真で、テーブル、椅子、棚等が見えます。写真のすべてのテーブルの上にはモノが置かれていません。これを have been cleared「除去された、片付けられた」と表現した（A）が正解です。これ以前にモノがあったかないかは写真からは分かりませんが、この写真だけ見ると、「モノがない状態」＝「テーブル上は片付けられた状態だ」と表現することができます。

間違いの選択肢もチェックしよう！

(B) 壁に肖像画（特定の人を描いた絵や写真）はありません。
(C) 品物が棚にありますが、place は「置く」という動作を表しますので、受け身の進行形を使う場合、今置かれている動作が示されていないと正解になりません。
(D) 照明器具は天井に設置（install）されていますが、床には設置されていません。文末の前置詞句 on the floor までしっかり聞いて判断しましょう。

ここがポイント！

・完了形のニュアンスをしっかり押さえましょう。
・前置詞句（前置詞＋名詞）は、主語や目的語の位置を示すことがあるので要注意です。

語句
□ portrait 肖像画　□ light fixture 照明器具

148

解説

Part 2

1. W 🇬🇧 M 🇦🇺

🎧 Track 040

The computer system is down for the rest of the day.

(A) How am I supposed to work now?

(B) You'd better get some rest.

(C) Go all the way down that hallway.

本日これからコンピューターシステムがダウンします。

(A) ではどうやって仕事をすればいいのですか。

(B) あなたは少し休んだ方がいいです。

(C) 廊下の方をずっと進んでください。

正解 A

問題のタイプ 平叙文（伝達・報告）

解説

「本日これからコンピューターシステムがダウンします」と伝えています。それに対して、「どうやって仕事をすればいいか」を質問している (A) が正解です。伝達に対して質問するパターンです。質問というか、懸念に近いですね…。be supposed to は聞き慣れないと意味が取れないかもしれませんが、be going to に置き換えると、把握しやすくなると思います。

✅ 間違いの選択肢もチェックしよう！

(B) 伝達者に「少し休んだ方がいいです」と返すのは、唐突感があり意味が通りません。伝達の中の語 rest を復唱しているトリックもあります。

(C) 廊下をずっと進むことは関連のない応答で、こちらも意味が通りません。

➡ ここがポイント！

・伝達→質問返しのパターン、大丈夫ですか？

・同じ語のトリック（rest）に引っかからないようにしましょう。

語句

□ the rest of 残りの　□ be supposed to 〜することになる（≒ be going to）

□ get some rest 休憩を取る　□ all the way ずっと

2. W 🇺🇸 W 🇬🇧

Let's talk about the prices for our new line of products.

(A) What would you like to know?
(B) OK, place the order now.
(C) We will produce 100 units each week.

当社の新製品シリーズの価格について話し合いましょう。

(A) 何を知りたいですか。
(B) 了解です、今注文してください。
(C) 毎週 100 ユニット生産します。

正解 A

問題のタイプ 勧誘

解説

Let's〜で、「新製品の価格について話し合いましょう」と打ち合わせの実施を勧誘しています。それに対して、「何を知りたいですか」と打ち合わせの中で話したいことを確認するために質問している (A) が自然な応答で正解です。勧誘に対して、「何を知りたいか」と答えているので、打ち合わせをすること自体には賛同していることがうかがえます。「何を知りたいか」以外の返答として、「いつ打ち合わせをするのか」「どこでやるのか」等 WH 疑問文への返しはいろいろとパターンがあります。

✓ 間違いの選択肢もチェックしよう！

(B) 価格の打ち合わせの勧誘に対して、「発注するように」と意味が通らない返答です。
(C) 生産の数を答えていますが、こちらも価格の打ち合わせの勧誘への返答としては不適切です。

➡ ここがポイント！

・打ち合わせの勧誘に対する WH 疑問文の返答はいろいろなパターンを想定しておきましょう。

語句

☐ new line 新シリーズ ☐ produce 〜を生産する
☐ unit（設備等の）一式、個

3. M 🇨🇦 W 🇺🇸

I heard you are leaving the company.
(A) Ms. Heady bought the tea leaves.
(B) It's not official yet.
(C) Don't be too hard on my manager.

あなたが会社を辞めるって聞いたけど。
(A) Heady さんがその茶葉を購入しました。
(B) まだ公にはしていません。
(C) 私のマネージャーにあまりきつく当たらないでください。

正解 B

問題のタイプ　平叙文（伝達）

解説

「会社を辞めるって聞いたけど」と伝えているのに対し、「それ（自分が会社を辞めること）はまだ公にはしていない」と、認めているものの少しワケありの返答をしている（B）が自然な応答で正解です。I heard you〜. は平叙文ですが、「私、あなたが〜って聞いたけど」と、「実はどうなの？」という Yes/No 疑問文の要素があります。またある事象に対し、「まだ公ではない」「まだ許可・承認が出ていない」等、条件付きで返答するパターンとなります。

✅ 間違いの選択肢もチェックしよう！

(A) leaving と leaves の音トリックですが、内容は関連のない応答です。
(C) heard と hard の音トリックです。こちらも「マネージャーにきつく当たるな」と、関連のない応答になっています。

🔵 ここがポイント！

・I heard you〜. はどちらかというと Yes/No 疑問文に近いです。返答は条件付きのパターンもあります。
・音トリックに注意！（leaving ⇔ leaves、heard ⇔ hard）

語句
□ leave the company 会社を辞める　□ tea leaves 茶葉（leaves：leaf の複数形）
□ be hard on 〜にきつく当たる

4. W 🇬🇧 M 🇨🇦

Track 043

We won't be able to complete our report by the end of the day.

(A) How many more did you have?
(B) Can you get it done by Tuesday?
(C) Then, I'm leaving for the day.

今日中にレポートが完成しそうにありません。

(A) さらにどれくらい持っていましたか。
(B) 火曜日までに終わらせられますか。
(C) それでは、お先に失礼します。

正解 B

問題のタイプ 平叙文（心配事）

解説

「今日中にレポートが完成しそうにありません」と心配事を述べています。それに対して、「火曜日までに終わらせられますか」と、期限を変更するなら可能なのかを尋ねている（B）が自然な応答で正解になります。get＋O＋過去分詞は「Oを〜する状態にする」という意味です。タスクで泣きが入った場合に猶予をあげる、という優しい返答パターンです。他には、「手伝おうか」等応援を申し出るパターンや、プレゼンの日を変更する／マネージャーに相談してみる、等の解決策を提示するパターンもあります。

✅ 間違いの選択肢もチェックしよう！

(A) 「どれくらい持っていたか」と、納期遵守の話題は関連がなく不適切な応答です。
(C) 応答者が帰宅する旨は、述べていることに対して関連がありません。

➡ ここがポイント！

・心配事（泣き言）に対しては、期限の延長、援助の申し出等、解決策での応答パターンが正解になりやすいです。

語句
☐ by the end of the day 今日中に　☐ get XX done　XX を終わらせる
☐ leave for the day　帰宅する

5. W 🇬🇧 M 🇦🇺

🎧 Track 044

Are you going to sign up for the convention this year?

(A) Mr. Benson applied for a building permit.

(B) There just aren't any interesting talks.

(C) Yes, you should.

今年の集会に申し込みますか。

(A) Benson さんがある建築許可を申請しました。

(B) あまり興味深い講演がないんです。

(C) はい、あなたがすべきです。

正解　B

問題のタイプ　**Yes/No 疑問文**

解説

Are you going to〜? で「今年の集会に申し込みますか」と尋ねています。それに対して、「あまり興味深い講演がないんです」と、特に参加する必要がない理由を述べて、参加しないことを間接的に示している (B) が正解です。このように、直接「行く / 行かない」と返答するのではなく、行く / 行かない理由を述べて間接的に応答するパターンは最近の頻出になっていますので押さえておきましょう。

✅ 間違いの選択肢もチェックしよう！

(A) 質問に対して、建築許可の申請は関連のない応答です。sign up for と apply for が同じ意味としてトリックになっています。

(C) Yes と応答していますが、その後の意味がつながりません。この質問に対して Yes と答えるのであれば、Are you going to...? に対して Yes, I am. となります。

➡ ここがポイント！

・Yes/No 疑問文は、理由を述べて間接的に返答する場合があります。

・意味トリックに注意！ （sign up for ⇔ apply for）

語句

□ sign up for（apply for）〜に申し込む、申請する

□ convention 集会、会議　□ building permit 建築許可　□ talk 講演

よりぬき！テスト / 解説 / 概要・攻略法 / トレーニング / 問題 / 解説 / 確認テスト / 解説

6. W 🇺🇸 W 🇬🇧

Could you tell me a little more about the position?

(A) The strongest opposing teams.

(B) They're positioning some rulers at the moment.

(C) The starting salary is thirty thousand dollars.

その職についてもう少し詳しく教えていただけますか。

(A) 最も強力な対戦チームです。

(B) 現在彼らは定規を置いているところです。

(C) 初任給は 3 万ドルです。

正解 C

問題のタイプ 依頼

解説

Could you〜？で「その職についてもう少し詳しく教えていただけますか」と依頼しています。それに対して、初任給の情報を答えている（C）が正解です。一見関係なさそうですが、about the position= 職に対する情報ですので、例えば勤務時間や出張頻度、福利厚生など、職に関連する情報が来ると思って待ち伏せておいたほうがいいですね。Part 7 の求人に関する文章に読み慣れておくと、ある程度想定できるかもしれません。

✓ 間違いの選択肢もチェックしよう！

(A) 「対戦チーム」は質問とは関連のない情報です。

(B) 誰か分からない They の動作を表す表現で、こちらも関連がありません。また、position ⇔ positioning の音トリックとなっています。ここでは position を動詞で使っていますので、この用法を知らなかった人は押さえておきましょう。

➡ ここがポイント！

・「職に関する情報」＝その仕事や会社の規定にかかわる情報が来ると思って待ち伏せしましょう。

・音トリックに注意！（position ⇔ positioning）

語句

□ opposing teams 対戦チーム　□ position 〜を位置、配置させる
□ ruler 定規　□ starting salary 初任給

7. M 🇨🇦 W 🇺🇸

🎧 Track 046

Most of our workforce is freelance.
(A) Why do you distribute them for free?
(B) That's kind of them to volunteer.
(C) How many do you usually hire yearly?

当社の戦力の大部分はフリーランスです。
(A) どうしてそれらを無料で配っているんですか。
(B) ボランティアをしてくれるなんて彼らは親切です。
(C) 通常は毎年何名雇用しているんですか。

正解 C

問題のタイプ 平叙文（伝達・報告）

解説

「当社の戦力の大部分はフリーランスです」と伝えています。それに対して、「通常は毎年何名（フリーランス労働者を）雇用しているんですか」と雇用人数の規模を質問している（C）が正解です。ある情報を伝える平叙文に対して、その規模をWH疑問文（How many）を用いて質問するパターンとなります。

✔ 間違いの選択肢もチェックしよう！

(A) 何かを配ることに対しての質問ですが、その何かが不明確で適切な応答とは言えません。freelance ⇔ free の音トリックとなっています。
(B) ボランティアをすることは、伝えられた内容と関連がありません。なお、volunteerとは「ボランティア活動をする、無償で働く」という意味ですが、freelanceは「一カ所に固定せず多様な多々働き方を個人の自由で行う」という意味で、無償で働くということではありません。

♦ ここがポイント！

・「平叙文」に対して、WH疑問文での質問返しパターンです。
・音トリックに注意！（freelance ⇔ free）

語句
□ freelance フリーランス（自由に契約を結んで仕事をする人）
□ volunteer ボランティア活動をする　□ yearly 毎年

8. W 🇬🇧 M 🇦🇺

🎧 Track 047

Would everyone please stand in rows so we can count you?
(A) Why do you need to do that?
(B) Don't they smell lovely?
(C) You can count on the school!

皆さんを数えられるように全員整列して立っていただけないでしょうか。
(A) どうしてそうする必要があるのですか。
(B) 素敵な香りがしませんか。
(C) その学校をあてにできますよ！

正解 **A**

問題のタイプ **依頼**

解説

Would everyone please〜？で「数えられるように全員整列して立っていただけないでしょうか」と依頼しています。それに対して、「どうしてそうする必要があるのですか」と質問している (A) が正解です。お願いした側は、人数の確認をして何かを配る等、定数管理をする必要があったかと思いますが、それに対して WH 疑問文（Why）で質問返しするパターンです。

✅ 間違いの選択肢もチェックしよう！

(B) 香りの良し悪しは、依頼内容とは関連がないですが、rows を rose（バラ）と聞き間違えてしまうと、異なる意味を取ってしまうかもしれません。

(C) 依頼表現の count と同じ語を音トリックとして使っていますが、ここでは count on で「〜をあてにする、頼りにする」という意味になり、「整列して立つように」という依頼とは関連のない応答です。

➡ ここがポイント！

・依頼→質問返し、のパターンです。
・音トリックに注意！（count ⇔ count on）

語句
□ count 〜を数える　□ count on 〜をあてにする、頼りにする

156

9. M 🇦🇺 M 🇨🇦

🎧 Track 048

Mr. Kim has a lot of managerial responsibilities.
(A) Let me talk to my manager.
(B) He must be a very busy man.
(C) They don't respond to any of our e-mails.

Kim さんは管理者としての責任がたくさんあります。
(A) マネージャーと話してきます。
(B) 彼はかなり忙しい方に違いないですね。
(C) 彼らは弊社のメールには何も返答しません。

正解 **B**

問題のタイプ **平叙文（伝達・報告）**

解説

「Kim さんは管理者としての責任がたくさんあります」と伝えています。それに対し、たくさん責任があることに関連して、確実性が高い must「～に違いない」という表現で「かなり忙しいに違いない」と応答している (B) が正解です。与えられた情報に対して、「では、きっと～に違いないな」と助動詞 must を用いた感想のような表現は正解になることが多いです。

✅ 間違いの選択肢もチェックしよう！

(A) 急に「自分のマネージャーと話す」というのは根拠が不明確です。語尾に about it（Kim さんが忙しいことについて）等があれば話すテーマが明確になるので正解になり得ます。managerial ⇔ manager が音トリックとなっていますね。
(C) 主語の They が誰を指すのか分からず、正しい応答とは言えません。また、responsibility ⇔ respond の音トリックとなっています。

🔁 ここがポイント！

・「平叙文」に対して、must を用いて感想を述べるパターンに注意！
・音トリックに注意！（managerial ⇔ manager、responsibility ⇔ respond）

> 語句
> ☐ managerial responsibilities　管理者としての責任
> ☐ respond to　～に対して応答する、返信する

10. W 🇬🇧 M 🇦🇺

I believe this agreement is a win-win situation.
(A) Why do you ask?
(B) Yes, he won the prize.
(C) I hope everyone is happy with it.

この協定はお互いに有益だと信じています。
（A）どうして尋ねるのですか。
（B）はい、彼は賞を獲得しました。
（C）みんなが喜んでくれたらと思います。

正解 C

問題のタイプ 平叙文（意見）

解説

「この協定はお互いに有益だと信じています」と意見を述べています。「みんなが喜んでくれたらと思います」と、意見に対して希望のある返答をしている（C）が自然な応答で正解です。意見を述べたことに対して、WH疑問文で返すパターンもありますが、このように意見を賛同・サポートする応答も正解になり得ます。

✅ 間違いの選択肢もチェックしよう！

（A）応答者は「どうして尋ねるのですか」と言っていますが、質問等尋ねる内容を言っていないので不適切です。WH疑問文なので一見正解のように感じますが、後半のaskが不正解にする決め手です。
（B）誰なのか分からない「彼」の受賞については話題に上がっていないので、関連がありません。win-winとwonが意味のトリックとなっています。

➡ ここがポイント！

・意見に対して、賛同・サポートで応答するパターンです。
・意味トリックに注意！（win-win ⇔ won）

語句
□ agreement 協定、同意　□ win-win situation お互いが有利になる状況

11. M 🇦🇺 W 🇬🇧 🎧 Track 050

Once you've signed right here, the building will be yours.
(A) Next to the date, right?
(B) Right across from the building.
(C) Where did I receive it?

ここに署名すれば、この建物はあなたのものです。
(A) 日付の隣ですよね。
(B) 建物のちょうど真向かいです。
(C) どこで私は受け取りましたか。

正解 **A**

問題のタイプ **平叙文（伝達）**

解説

「ここに署名すれば、この建物はあなたのものです」と伝えています。それに対して、「（署名箇所は）日付の隣ですよね」と署名箇所を確認している（A）が自然な応答として正解となります。切り出しの Once SV, S will V は、「いったん〜すれば」と時や条件を表す副詞節として Once が使われています。また選択肢（A）は、(It is) next to the date, right? と It is が省略されて、right が isn't it? のように付加疑問文的に使用されていることにも注目です。

✔ 間違いの選択肢もチェックしよう！

(B) right, building と2つの音トリックが使われています。建物の位置を説明しており、最初の発言とつながらず、不正解となります。
(C) これから署名する文書を目の前にして現在2人が話しているのですが、話の焦点が過去に受け取った場所となっており、最初の発言と関連性がありません。

➡ ここがポイント！

・伝えた内容に対して確認対応するパターンを覚えましょう。
・音トリックに注意！（right, building）

> 語句
> □ sign 署名する

🎧 Track 051

Where do you usually store the staples?	ホチキスの針は普段どこに保管していますか。
(A) The spare tables are over there.	(A) 予備のテーブルはあそこにあります。
(B) I think the store is closed now.	(B) その店は今閉まっていると思います。
(C) They're in the third drawer.	(C) 3番目の引き出しの中です。

正解 C

問題のタイプ WH 疑問文（Where）

解説

WH 疑問文で「ホチキスの針は普段どこに保管していますか」と尋ねています。それに対して、「3番目の引き出しの中です」と場所を返答している (C) が正解です。この問題は一見簡単に見えますが、他の選択肢も場所や位置を表す表現が入っており、絞り切れない可能性もありますので、間違いのポイントをしっかり掴んでおきましょう。

✔ 間違いの選択肢もチェックしよう！

(A) 予備のテーブルの場所を答えており、問われている内容と異なります。table が聞き取れれば、間違いに気付くことができると思います。spare= 予備という意味だけに引きずられないようにしましょう。

(B) 「今店は閉まっている」と、お店に関する返答で、これも質問の保管場所に答えていません。質問と同じ store が音トリックで使われていますが、質問の方は動詞として、返答のほうは名詞として使われていることにも着目しておきましょう。

➡ ここがポイント！

・紛らわしい選択肢は、何が間違いなのかしっかり押さえましょう。
・音トリックに注意！（store）

語句
☐ store 〜を保管する ☐ staple ホチキス（ステープラー）、ホチキスの針
☐ spare 予備（の） ☐ drawer 引き出し

郵 便 は が き

料金受取人払郵便

神田局
承認
9759

差出有効期間
2022年9月
24日まで
（切手不要）

1 0 1 - 8 7 9 6

5 0 8

東京都千代田区神田神保町2-14
SP神保町ビル5階

オープンゲート

読者カード係　行

お買い上げいただきまして誠にありがとうございました。
みなさまのご意見を今後の本づくりの参考にさせていただきますので、
裏面のアンケートにご協力お願いします。

ふりがな お名前		性別	男性・女性
		年齢	歳
ご住所	〒　　　　　　　電話番号		
メール アドレス			
ご職業			

お買い上げになった Part をお選びください。

よりぬき！ TOEIC® L&R テスト 飛躍のナビゲーター

□Part 1-4　　　□Part 5-6　　　□Part 7

■この本をどのようにお知りになりましたか？
　　□書店で実物を見て（書店名：　　　　　　　　　　　　　　）
　　□新聞・雑誌等の広告を見て（掲載紙誌名：　　　　　　　　）
　　□人にすすめられて
　　□先生の推薦
　　□ブログや Twitter などを見て
　　□その他（　　　　　　　　　　　　　　　　　　　　　　　）

■本書についてのご感想をお聞かせください。

タイトル：	□良い	□ふつう	□悪い
価　　格：	□安い（満足）	□ふつう	□高い
内　　容：	□たいへん満足	□良い	□ふつう
	□よくない	□非常に不満	
ページ数：	□少ない	□ちょうどいい	□多い
カバーデザイン：	□良い（目立った）	□ふつう　□よくない（目立たない）	

■ご意見・ご要望などございましたら自由にご記入ください。

■あなたのコメントを広告やホームページなどで紹介してもよろしい
　ですか？
　　□はい（お名前など個人情報が特定できる内容は掲載しません）
　　□いいえ

ご協力ありがとうございました。
ご記入いただいたご意見などを匿名で書籍のPRに使用させていただく場合がございますが、それ以外に個人情報を第三者に提供することはありません。

13. M 🇨🇦 W 🇬🇧

🎧 Track 052

What do you think about this cover for our annual report?

(A) That looks the same as last year's.

(B) Let's read it and see what they found out.

(C) What is this manual for, exactly?

年次報告書のこの表紙をどう思いますか。

(A) 去年のものと同じに見えます。

(B) 読んで彼らが何を見出したのか確認しましょう。

(C) そもそも、この取扱説明書は何のためのものですか。

正解 **A**

問題のタイプ **WH 疑問文（What）**

解説

WH 疑問文で「年次報告書のこの表紙をどう思いますか」と感想を尋ねています。それに対して、「去年のものと同じに見えます」と、あまり変わり映えがないことを伝えている（A）が適切な応答で正解です。What do you think...? と感想を求められた場合、It（That）looks ...という返しは 1 つの応答パターンとなります。

✔ 間違いの選択肢もチェックしよう！

(B) 後半の方で、「彼らが見出したもの」と言っていますが、その「彼ら」が誰を指すか分からず、ここでは意味がつながりません。

(C) 質問者は、表紙について尋ねていますが、応答者は manual（取扱説明書）について返答していますので関連がなく不正解です。音トリック（annual ⇔ manual）にダマされないようにしましょう。

➡ ここがポイント！

・What do you think...? と感想を求められた場合、It（That）looks ...で返すパターンを押さえておきましょう

・音トリックに注意！（annual ⇔ manual）

語句
□ cover　表紙　　□ annual 毎年の、年次の　　□ same as ～と同様の
□ exactly（疑問文で）そもそも

14. W 🇺🇸 **M** 🇦🇺　　　　　　　　　　　　　🎧 Track 053

Mr. Arnolds, can I have a moment?
(A) How many do you need?
(B) I'm kind of in a hurry.
(C) Only a few minutes away.

Arnolds さん、少しお時間よろしいですか。
(A) いくつ必要ですか。
(B) ちょっと急いでいます。
(C) ほんの数分離れたところです。

正解　B

問題のタイプ　許可

解説

Can I ～？で、「少しお時間よろしいですか」と許可を求めています。それに対して、「ちょっと急いでいます」と、時間を割けないことを間接的に答えている (B) が正解です。(B) の kind of は「多少、ちょっと」と会話を和らげる際に用います。実際の会話でも、ちょっと急いでいて断りたい時や早くしてほしい時に使える実用的な表現です。

✅ 間違いの選択肢もチェックしよう！

(A) 必要な個数を逆に尋ねていますが、問われているのは今時間が取れるかどうか、ですので、質問に対する応答としては不適切です。
(C) ほんの数分離れたところ、と距離的な程度を返答しており、こちらも今時間を確保できるか、という質問とは無関係の応答となります。

➡ ここがポイント！

・急いでいてやんわりと断りたい時の表現として、I'm kind of in a hurry. を丸ごと押さえておきましょう。

┌ **語句** ┄┄┄┄┄┄┄┄┄┄┄┄┄┄┄┄┄┄┄┄┄┄┄┄┄┄┄┄┄┄┄┄┄┄┄┄┄┄┄
│ ☐ have a moment　少し時間がある　☐ kind of　多少、ちょっと
│ ☐ in a hurry　急いで
└┄┄

15. M 🇦🇺 W 🇬🇧

🎧 Track 054

How long do you expect the
interview to last?

(A) It depends on the candidate.
(B) It's tomorrow, not today.
(C) It'll be a five-minute break.

面接にどれくらいの時間がかかると思い
ますか。

(A) 志願者によります。
(B) 今日ではなく、明日です。
(C) 5分間の休憩です。

正解 **A**

問題のタイプ **WH 疑問文（How long）**

解説

WH 疑問文で、「面接にどれくらいの時間がかかると思いますか」と期間について
尋ねています。それに対して、具体的な期間を言及せず、「志願者によります」と、
人によって時間は異なることを答えている（A）が自然な応答として正解です。疑
問文全般に対し、It depends on XX.「それは XX 次第だ」と返答しているものは、
状況によって異なる旨を示唆しているため、ほとんどの場合正解になり得ます。

✓ 間違いの選択肢もチェックしよう！

(B) 時間ではなく、実施日の応答をしているので不正解です。
(C) 面接時間ではなく、休憩時間について応答しているので不正解となります。

➡ ここがポイント！

・疑問文全般に対して、"It depends on XX." は万能型の応答となるので、「正解かな？」
と思って聞くようにしましょう。

┌─ 語句 ─────────────────────────────────────┐
│ □ expect 〜と思う、予期する　□ interview 面接　□ last 続く
│ □ candidate 志願者　□ break 休憩（時間）
└──┘

よりぬき！テスト

解説

概要・攻略法

トレーニング

問題

解説

確認テスト

解説

16. W 🇬🇧 M 🇨🇦

Hey Mark, do you still have that receipt?

(A) Claire took it to her office.
(B) Sure, take that seat over there.
(C) Please mark the date on the calendar.

ねぇ Mark さん、まだあの領収書を持っていますか。

(A) Claire さんが彼女のオフィスに持って行きました。
(B) もちろん、あそこの席に座ってください。
(C) カレンダーのその日に印をつけておいてください。

正解 A

問題のタイプ Yes/No 疑問文

解説

Yes/No 疑問文で、「まだあの領収証を持っていますか」と尋ねているのに対し、「Claire が彼女のオフィスに持って行きました」と、もうすでに自分の手元にはないことを示唆した返答をしている (A) が正解です。このように所有に関する質問に対し、持っている／持っていないではなく、「誰かが持って行った」という表現で「自分の手元にない」ことを示唆する応答は、間接応答の王道パターンといってよいでしょう。

✅ 間違いの選択肢もチェックしよう！

(B) 座席という、領収書とは関連のない応答です。that receipt と that seat と音が少し似ていますね。
(C) カレンダーへ印をつけるように、とこちらも関連のない応答です。ただ、固有名詞の Mark と動詞の mark で音トリックとなっています。

⬇ ここがポイント！

・所有に関する質問で、自分が持っていない間接的な表現を押さえておきましょう。
・音トリックに注意！ (that receipt ⇔ that seat, Mark ⇔ mark)

> **語句**
> ☐ mark the date 日付に印をつける

17. W 🇺🇸 M 🇨🇦 　　　　　　　　　　🎧 Track 056

Why has the photocopier been
replaced?
(A) It was getting obsolete.
(B) I'd like twenty copies.
(C) Please place it by the window.

コピー機が取り替えられたのはなぜです
か。
(A) 古くなっていました。
(B) コピーを 20 部お願いします。
(C) 窓のそばに置いてください。

正解 A

問題のタイプ WH 疑問文（Why）

解説

WH 疑問文で、「コピー機が取り替えられたのはなぜですか」と尋ねているのに対
し、「古くなっていました」と返答している（A）が正解です。obsolete は少し難
しめの語ですが、old と同じ意味だと捉えてください。

✅ 間違いの選択肢もチェックしよう！

(B) copies と言っていて部分的には合いますが、欲しい部数を述べているので理由を
尋ねる質問に対して適切な応答とは言えません。

(C) 設置場所についての指示なので、理由の返答としては不適切です。replace と
place の音トリックに気を付けましょう。

💬 ここがポイント！

・obsolete=old と覚えておきましょう。
・音トリックに注意！（replace ⇔ place）

語句
□ photocopy コピー機　□ obsolete 古い、廃れた

よりぬき！テスト
解説
概要・攻略法
トレーニング
問題
解説
確認テスト
解説

18. M 🇦🇺 W 🇬🇧

Track 057

When do we expect the maintenance team to arrive?
(A) They haven't arrived yet.
(B) To fix the elevator?
(C) It's not too late.

メンテナンスチームはいつ到着すると思いますか。
(A) 彼らはまだ到着していません。
(B) エレベーター修理のための、ですか。
(C) 遅すぎることはありません。

正解　B

問題のタイプ　WH 疑問文（When）

解説

WH 疑問文で、「メンテナンスチームはいつ到着すると思いますか」と尋ねているのに対し、「エレベーター修理のための（メンテナンスチーム）、ですか」とメンテナンスを行うメンバーについて具体的に確認している（B）が自然な応答として正解となります。（B）は、(Is it the maitenance team) to fix the elevator? と、カッコ内が質問で用いられた表現なので省略されていることに注意しましょう。特にPart 2 は短い会話表現なので、このように応答時に省略されることがありますが、その場合は最初の話者のどの表現が省略されたのかを考えながら解きましょう。

✅ 間違いの選択肢もチェックしよう！

(A) 一見正解にも見えますが、質問者は到着していないと思っているからこそ質問をしているため、それに対して「まだ到着していない」というのは、応答としては不適切です。質問者の意に反して「もう到着しているよ」であれば正解になり得ます。
(C) 「何に対して遅すぎることがないか」が不明確で会話が成立しません。

➡ ここがポイント！

・会話の省略に注意。省略か？と思ったら冒頭の発言の何が省略されたかを考えましょう。

語句
□ fix　〜を修理する
---

19. M 🇨🇦 M 🇦🇺

🎧 Track 058

When is the next planning meeting going to happen?
(A) An excellent plan.
(B) Didn't you get the e-mail?
(C) What will you be eating for dinner tonight?

次の企画会議はいつ行われますか。
(A) 素晴らしい計画です。
(B) E メールを受け取っていないのですか。
(C) 今晩夕食に何を食べますか。

正解 **B**

問題のタイプ　**WH 疑問文（When）**

解説

WH 疑問文で、「次の企画会議はいつ行われますか」と尋ねているのに対し、「E メールを受け取っていないのですか」と、メールを見ればその情報が書いてあることを示唆する（B）が正解です。（B）の中の the e-mail は、定冠詞となっており、「次回の企画会議に関するメール」を意味しています。このように、ある情報を知りたい時、「メールを見れば」「掲示板を見れば」「ウェブサイトを見れば」という他の手段に誘導する応答は間接応答の１つのパターンです。

✔ 間違いの選択肢もチェックしよう！

(A) 計画内容について述べていますが、いつ会議が行われるかは言及がありません。plan の音トリックですね。
(C) tonight と時を示す語がありますが、意味が「今晩何を食べるか」なので、会議の開催時期についての返答ではありません。meeting と eating の音トリックに注意しましょう。

➡ ここがポイント！

・質問の内容が分かる方法（メール、掲示板、ウェブサイト）への誘導ネタに注目。
・音トリックに注意！（meeting ⇔ eating）

> 語句
> □ excellent　素晴らしい、優秀な

よりぬき！テスト / 解説 / 概要・攻略法 / トレーニング / 問題 / 解説 / 確認テスト / 解説

20. M 🇦🇺 W 🇬🇧 🎧 Track 059

It seems my computer keeps crashing.

(A) Can you put your belongings over there?

(B) Did you lose your work?

(C) Please keep it handy at all times.

私のコンピューターがずっと停止したままのようです。

(A) 所持品をあそこへ置いてもらえますか。

(B) 作業が消えてしまいましたか。

(C) 常に手元に置いておいてください。

正解 B

問題のタイプ 平叙文（心配事）

解説

「コンピューターがずっと停止したままのようです」と心配事を伝えているのに対し、「(これまで行った) 作業が消えてしまいましたか」と、コンピューターの状態から推測して尋ね返している (B) が自然な応答で正解です。選択肢の中の lose one's work は通常「職を失う」という意味になりますが、このような場面では、work が「作業」という意味で使われることもあります。このように話したことに対する文脈を関連づけて正解に導くのは少し難しいですが、ストックを少しずつ作っていきましょう。

✓ 間違いの選択肢もチェックしよう！

(A) 「所持品をあそこへ置くように」という依頼表現はコンピューターが停止していることの報告とは関連がありません。

(C) 最初の話者と同じ keep を使用していますが、「(コンピューターが停止したまま) 手元にずっと置いておく」というのは意味が通じません。「コンピューターをどうすればいいか」という質問であれば正解になり得るかもしれません。

➡ ここがポイント！

・文脈として関連しているか、を探してみましょう。(例：コンピューターが故障→それまでの作業がなくなった？)

語句
□ keep crashing （コンピューター等が）機能停止している
□ belonging 所持品、所有物　□ handy 手元に　□ at all times 常に

168

21. W 🇺🇸 M 🇨🇦   🎧 Track 060

I heard everyone will receive a
bonus this year.

(A) Has our president changed the
    policy?
(B) It's not fair for all the employees.
(C) I think I'd like a red one.

今年は全員がボーナスをもらえると聞き
ました。

(A) 社長が方針を変えたのですか。
(B) 全従業員に対して不公平です。
(C) 赤いのがいいと思います。

正解 A

問題のタイプ 平叙文（伝達・報告）

解説

「今年は全員ボーナスがもらえると聞きました」と伝えているのに対し、「社長が方針を変えたのですか」と、これまでとは違う状況になったことを間接的に質問している（A）が自然な応答として正解です。応答者は完了形を用いているので、「これまでは全員へのボーナス支給ではなかったがどこかで変わったのか？」という疑問を持っています。この未来形での平叙文に対し、過去形もしくは現在完了形で「以前と変わったのか？」と質問で返すのはストーリーとしてはあり得るパターンです。

✅ 間違いの選択肢もチェックしよう！

(B) 「全員がボーナスをもらえる」という情報に対して、「全従業員に対して不公平」というのは矛盾した応答です。
(C) 色の好みは特に問われていないので、関連のない応答です。

🔌 ここがポイント！

・未来に対する情報　→　「以前と変わったのか？」という応答パターンを押さえましょう。

語句
□ policy 方針、政策　□ fair 公平な

Why don't we all go out today after work?

(A) I have plans tonight.
(B) It will be postponed until next week.
(C) I went there last week.

今日仕事の後、みんなで外に出かけませんか。

(A) 今夜は予定があります。
(B) 来週まで延期となるでしょう。
(C) 先週そこへ行きました。

正解 **A**

問題のタイプ **勧誘**

解説

Why don't we〜? で「仕事の後、みんなで外に出かけませんか」と誘っています。それに対して、「今夜は予定があります」と、忙しくてその誘いには応じられないことを示唆している（A）が自然な応答で正解です。勧誘ネタで「用事がある」は遠回しに断る鉄板ネタの1つですね。

✅ 間違いの選択肢もチェックしよう！

(B) 「来週まで延期になるでしょう」と応答していますが、it が何を指すか不明確で応答としては不適切です。
(C) 「先週そこへ行きました」と応答していますが、勧誘した表現に具体的な場所を指す語がなく、こちらも応答として不適切です。

➡ ここがポイント！

・勧誘 → 「用事がある（つまり、忙しくて行けない）」という断りの間接パターンを押さえましょう。

> **語句**
> □ go out 外出する　□ postpone 〜を延期する

23. M 🇨🇦 W 🇺🇸　　　　　　　　　🎧 Track 062

I left my phone here this morning.

(A) Please go to the information center.
(B) When did you get home?
(C) I didn't hear anything about his promotion.

今朝ここに電話を置き忘れました。

(A) 案内所へ行ってください。
(B) いつ家に着きましたか。
(C) 彼の昇進については何も聞いていません。

正解 **A**

問題のタイプ **平叙文（伝達・報告）**

解説

「今朝ここに電話を置き忘れました」と伝えています。それに対して、「案内所へ行ってください」と、ここには既にないことを間接的に伝えている（A）が自然な応答として正解です。何か発生した事象に対して手がかりが得られそうな場所に誘導するというストーリーですね。

✅ 間違いの選択肢もチェックしよう！

(B) 「いつ家に着きましたか」と質問し返していますが、今朝電話を置き忘れたことと家に着いたことはあまり関連のない内容で、応答としては不適切です。
(C) 「何も聞いていない」と言っていますが、聞いていない内容が第三者の昇進に関わることなので、こちらも応答として不適切です。

➡️ ここがポイント！

・発生した事象に対して、「手がかりが得られそうな場所に誘導する」は文脈としてアリ！

語句
□ get home 家に着く

24. W 🇬🇧 **M** 🇦🇺

🎧 Track 063

Didn't they say they'd be here by now?

(A) I didn't talk to them.

(B) They don't say very much.

(C) We aren't there yet.

今頃ここに到着しているはずだと彼らは言っていませんでしたか。

(A) 彼らと話しませんでした。

(B) 彼らはあまり話しません。

(C) 私たちはまだそこに到着していません。

正解 A

問題のタイプ 否定疑問文

解説

否定疑問文で、「今頃ここに到着しているはずだと彼らは言っていませんでしたか」と尋ねています。それに対して、「彼らと話しませんでした」と、彼らが何を言ったのかは知らないことを間接的に伝えている (A) が正解です。否定疑問文は Yes/No 疑問文と同じように解けばいいので、Did they...? と同じ意味だと捉えましょう。

✅ 間違いの選択肢もチェックしよう！

(B) 「彼らはあまり話しません」という彼らの性質を表す表現での応答です。ここでは、「言ったかどうか」を尋ねているので、適切な応答ではありません。They didn't say so. と「そう言っていなかったよ」であれば、質問に対する適切な応答として正解になります。

(C) 会話の2人が話している場所へ彼らが到着していることが論点ですので、over there「そちら」というのは関連のない応答となります。

➡️ ここがポイント！

・否定疑問文 → Yes/No 疑問文同様に解きましょう！

■正誤表　下記のとおり誤記がありましたので、訂正の上、お詫び申し上げます。

ページ	誤	正
255	6. What does the woman mean when she says, "he will stay here after his speech"?	6. What does the man mean when she says, "he will stay here after his speech"?
	6. What does the woman mean when she says, "he will stay here after his speech"?	6. What does the man mean when he says, "he will stay here after his speech"?
304	女性が"he will stay here after his speech"と言う際、何を意図していますか。	男性が"he will stay here after his speech"と言う際、何を意図していますか。

Questions 1 through 3 refer to the following conversation.

M Sarah, can I have a moment?

W Sure, but I can't chat for long. I have a meeting with a client at 1 P.M. today, and I need to prepare for it. ❶I have to check the performance of their company. What do you need?

M As you know, I'm new here. I've got a new client, and I want to give a good impression, ❷but I'm worried that I'll make a mistake.

W I have an idea. ❸You should join me in my meeting with my clients today. ❹That way, you can watch what I do and learn what you need to do.

M Really? That would be great!

問題 1-3 は次の会話に関するものです。

M Sarah、少しいいですか。

W もちろん、でも長くは話せません。今日午後 1 時からクライアントとミーティングがあるので、その準備をする必要があります。彼らの会社の業績を確認しなくてはなりません。何の用件ですか。

M あなたも知っている通り、僕はこの会社の新人です。新しいクライアントがいて、良い印象を与えたいのですが、失敗しそうで心配です。

W 考えがあります。今日私のクライアントとのミーティングにあなたも参加するとよいでしょう。そうすれば、私が何をするか確認できて、あなたが何をすべきか学べます。

M 本当ですか。それは助かります！

〔語句〕

□ chat 話をする □ need to do ～する必要がある
□ prepare for ～の準備をする □ impression 印象
□ be worried that ～を心配する □ make a mistake 失敗をする
□ join ～に加わる □ that way そうすれば

1.

What kind of work do the speakers most likely do?
(A) Research and development work
(B) Manufacturing work
(C) Consultancy work
(D) Transportation and shipping work

話し手たちはどのような仕事をしていると考えられますか。
(A) 研究開発業務
(B) 製造業務
(C) コンサルタント業務
(D) 運送業務

正解 C

問題のタイプ 概要を問う問題

解説

女性は男性に、クライアントにこれから会うことを伝えた後、❶で「彼らの会社の業績を確認しなくてはなりません」と述べています。クライアントの会社の業績を確認し、それについて話し合いを持つということから、正解は（C）になります。設問に most likely「おそらく」があるので、正解の根拠がはっきりとは会話で述べられていないパターンです。

2.

Why does the man say, "As you know, I'm new here"?
(A) To ask for a new job
(B) To request more time
(C) To explain why he's worried
(D) To make the woman feel bad

男性が "As you know, I'm new here" と言うのはなぜですか。
(A) 新しい仕事を求めるため
(B) 時間の延長を依頼するため
(C) 彼が心配する理由を説明するため
(D) 女性を困らせるため

正解 C

問題のタイプ 意図問題

解説

男性は As you know, I'm new here. 「あなたも知っている通り、僕はこの会社の新人です」と述べた後、②で「（クライアントとのミーティングを）失敗しそうで心配です」と述べています。失敗するかもしれないと考えている理由を伝えたいがための発言なので、正解は（C）になります。

3.

What solution does the woman offer to the man?
(A) Talking to her clients
(B) Observing her working
(C) Apologizing to his clients
(D) Delaying the meeting

女性はどのような解決策を男性に申し出ていますか。
(A) 彼女のクライアントと話す
(B) 彼女の仕事を観察する
(C) 彼のクライアントに謝罪する
(D) 会議を先延ばしにする

正解 B

問題のタイプ 申し出の内容を問う問題

解説

設問の内容から、女性の発言にヒントがあるはずだということが分かります。女性は③と④で「今日私のクライアントとのミーティングにあなたも参加するとよいでしょう。そうすれば、私が何をするか確認できて、あなたが何をすべきか学べます」と男性に伝えているため、これを簡潔に言い換えている（B）の Observing her working「彼女の仕事を観察する」が正解です。

Questions 4 through 6 refer to the following conversation.

M Hi, Carly. I need to book a flight and hotel for Mr. Smith in Marketing. He's going on a business trip to Chicago next Tuesday and will return on Friday. Can you help me? ❶I'm not sure how to arrange business trips for employees.

W No problem. You will need to contact the travel agent first and check what flights are available. I'll book the hotel for you; we use the Monford Hotel in Chicago.

M ❷Would you mind calling them for me? ❸I've never done it before.

W You'll be fine. ❹Their number is 05554321. ❺Just tell them the dates and location, and they'll give you a price.

M Oh. Okay. ❻I had better confirm the dates with Mr. Smith first, before I call the travel agent.

問題 4-6 は次の会話に関するものです。
M こんにちは、Carly。マーケティング部の Smith さん用に飛行機とホテルを予約する必要があります。彼は来週の火曜日に出張でシカゴへ行き、金曜日に戻ります。手伝ってもらえますか。従業員向けの出張を手配する方法がよく分かりません。
W 問題ありません。まず旅行案内業者に連絡してどのフライトに空席があるかを確認する必要があります。ホテルは私が予約してあげましょう。当社はシカゴでは Monford ホテルを利用します。
M 私の代わりに旅行業者に電話していただけませんか。私はそれをこれまでにしたことがありません。
W 大丈夫ですよ。旅行業者の番号は 05554321 です。日付と場所を伝えるだけで、あとは代理店が価格を示してくれます。
M そうですか。分かりました。旅行案内業者に電話する前に、まずは Smith さんに日程を確認した方がよいですね。

語句
□ book ～を予約する □ business trip 出張 □ how to do ～する方法
□ arrange ～を手配する □ available 利用できる
□ would you mind doing ～していただけませんか
□ had better ～する方がよい

4.

Where do the speakers most likely work?

(A) In the sales department
(B) In the general affairs department
(C) In the marketing department
(D) In the manufacturing department

話し手たちはどこで働いていると考えられますか。

(A) 営業部
(B) 総務部
(C) マーケティング部
(D) 製造部

正解 B

問題のタイプ 概要を問う問題

解説

男性が❶で「従業員向けの出張を手配する方法がよく分かりません」と述べています。このような仕事を扱う部門は、選択肢にあるものから選ぶと (B) の the general affairs department「総務部」であると考えられます。

5.

What does the woman mean when she says, "You'll be fine"?

(A) The travel agent is expecting a call.
(B) The man is doing a good job.
(C) She won't call the travel agent.
(D) There will be a flight available.

女性が "You'll be fine" と言う際、何を意図していますか。

(A) 旅行案内業者が電話を待っている。
(B) 男性が良い仕事をしている。
(C) 彼女は旅行案内業者に電話しない。
(D) 利用可能なフライトがある。

正解 C

問題のタイプ 意図問題

解説

男性は❷と❸で「私の代わりに旅行業者に電話していただけませんか。私はこれをこれまでにしたことがありません」と女性に伝えています。これに対して You'll be fine. と応答し、続けて❹と❺で「旅行業者の番号は 05554321 です。日付と場所を伝えるだけで、あとは旅行業者が価格を示してくれます」と発言しています。このことから、女性は「男性に電話をしてほしい」と考えていることが分かるため、正解は (C) になります。

よりぬき！テスト

解説

概要・攻略法

トレーニング

問題

解説

確認テスト

解説

6.

What will the man do next?
(A) Call the travel agent
(B) Write down the phone number
(C) Contact Mr. Smith
(D) Book a room in the hotel

男性は次に何をしますか。
（A）旅行案内業者に電話する
（B）電話番号を書き留める
（C）Smith 氏に連絡する
（D）ホテルの部屋を予約する

正解 C

問題のタイプ 次の行動を問う問題

解説

男性は❻で「旅行案内業者に電話する前に、まずは Smith さんに日程を確認した方がよいですね」と述べています。これをそのまま表している（C）の Contact Mr. Smith「Smith 氏に連絡する」が正解です。

M 🇨🇦 W 🇬🇧　　　　　　　　　　🎧 Track 066

Questions 7 through 9 refer to the following conversation.

M ❶Do you want to join our office carpool? ❷We have three people, and we need one more.

W Is that where you take turns driving each other to work?

M Exactly! It's a really good way to save some money on gas, and it's a really good way to help the environment. Why take four cars when we can all take one?

W That's actually a really good idea. ❸Also, talking with your friends in the car in the morning is probably going to be more fun than sitting alone in traffic!

M I think so too. ❹So, is that a yes?

W ❺Sure, why not? ❻Let's start tomorrow!

問題 7-9 は次の会話に関するものです。
M　相乗り通勤に参加したいですか。3 人集まっていて、あと 1 人必要です。
W　それは順番で運転して互いに仕事の送り迎えをするものですか。
M　その通りです！ガソリンの費用を節約するのにとても優れた方法ですし、環境に役立つとても良い方法です。私たちで 1 台を使えばいい時になぜ 4 台使う必要がありますか。
W　それはまさに本当に良い考えですね。それに、朝車内で友達と話すのは渋滞の中一人で座っているよりも楽しくなりますね。
M　私もそう思います。では、はいということですね。
W　もちろんです、ぜひそうしましょう。明日から始めましょう！

語句
□ office carpool 相乗り通勤　□ take turns 順番に行う　□ each other お互い
□ environment 環境　□ also また　□ fun 楽しみ

7.

What are the speakers discussing?
(A) Their financial situations
(B) Giving each other rides
(C) Exchanging cars
(D) The problems with traffic

話し手たちは何について話し合っていますか。
(A) 財政状況
(B) 互いに送迎し合うこと
(C) 車を交換すること
(D) 交通の問題

正解 **B**

問題のタイプ **概要を問う問題**

解説
男性は❶と❷で「相乗り通勤に参加したいですか。3人集まっていて、あと1人必要です」と女性に対して問いかけています。よって、正解は（B）のGiving each other rides「互いに送迎し合うこと」になります。

！ 会話→選択肢の言い換え

join our office carpool ➡ Giving each other rides

8.

What advantages does the woman mention?
(A) Benefiting the environment
(B) Saving money
(C) Getting to be more sociable
(D) Limiting time spent

女性はどのような利点に触れていますか。
(A) 環境に役立つ
(B) お金を節約する
(C) より人付き合いが良くなる
(D) 費やす時間を制限する

正解 **C**

問題のタイプ **詳細を問う問題**

解説
設問の内容から、女性の発言にヒントがあるはずだということが分かります。女性は❸で「それに、朝車内で友達と話すのは渋滞の中一人で座っているよりも楽しくなりますね」と述べているので、正解は（C）のGetting to be more sociable「より人付き合いが良くなる」です。（A）は男性の発言で述べられている内容です。

9.

What will the speakers do tomorrow?
(A) Commute together
(B) Discuss the idea further
(C) Go on a business trip together
(D) Find one more person

話し手たちは明日何をしますか。
(A) 一緒に通勤する
(B) 考えについてさらに話し合う
(C) 一緒に出張する
(D) もう一人見つける

正解　A

問題のタイプ 次の行動を問う問題

解説

男性は④で「では、はいということですね」と女性に明日から相乗り通勤をすることについて確認を取っています。これに対して女性は⑤で「もちろんです、ぜひそうしましょう」と応答し、⑥で「明日から始めましょう」と述べています。よって、正解は（A）です。

One-up

Why not? は相手の依頼や申し出などに応じるときにしばしば使われ、「ぜひそうしましょう」という意味になります。

よりぬき！テスト　解説　概要・攻略法　トレーニング　問題　解説　確認テスト　解説

Questions 10 through 12 refer to the following conversation with three speakers.

W Hi. ❶Can I buy train tickets here?

M1 ❷Of course. Where are you going today?

W ❸I'm trying to get to Rochester, but I need to go to Oakland too. ❹Is there a connecting train?

M1 Oh. I'm not sure. Let me get my manager, Arnold. He's good with the timetables.

W Hi. Can I get a train to both Oakland and Rochester? ❺I've got to be in Rochester by 1 P.M. for a meeting.

M2 Oh, that should be easy. Just take the 9:05 to Oakland. Then, you get on the 12:20 to Rochester. Would you like me to reserve a seat?

W That would be great. Thanks so much, Arnold.

問題 10-12 は 3 人の話し手による次の会話に関するものです。

W すみません。ここで列車の切符を買うことができますか。

M1 もちろんです。今日はどちらへ行きますか。

W ロチェスターへ行こうと思っていますが、オークランドにも行く必要があります。乗り継ぎ列車はありますか。

M1 ええと。定かではありません。私のマネージャーの Arnold を呼んできます。彼は時刻表に詳しいので。

W すみません。オークランドとロチェスターの両方へ向かう列車に乗れますか。会議のため午後 1 時までにロチェスターに到着しなければなりません。

M2 ああ、それなら簡単でしょう。9 時 5 分のオークランド行きに乗るだけです。その後、12 時 20 分のロチェスター行きに乗ります。席を予約しましょうか。

W そうしていただけると助かります。ありがとうございます、Arnold。

語句

☐ connecting train 乗り継ぎ列車　☐ be good with 〜に熟達した
☐ timetable 時刻表　☐ both A and B　A と B の両方
☐ Would you like me to do...?　〜しましょうか　☐ reserve 〜を予約する

10.

Where are the speakers most likely?
(A) At a ticketing office
(B) At a hotel reception desk
(C) At a shop
(D) At a museum

話し手たちはどこにいると考えられますか。
(A) 切符売り場
(B) ホテルのフロント
(C) 店
(D) 博物館

正解 A

問題のタイプ 概要を問う問題

解説
女性は❶で「ここで列車の切符を買えますか」と男性に尋ね、男性はすぐに❷で「もちろんです」と応答しています。よって、正解は（A）の At a ticketing office「切符売り場」です。

One-up

「切符売り場」をここでは ticketing office と表していますが、「（映画や劇場などの）チケット売り場」は box office と言います。頻出なのでしっかりと押さえておいてください。

11.

What does the woman need help with?
(A) Getting on the train
(B) Paying for the tickets
(C) Finding a good route
(D) Planning her meeting

女性は何に関し助けが必要ですか。
(A) 列車に乗ること
(B) 切符の支払い
(C) 適切な経路を見つけること
(D) 会議の計画

正解 C

問題のタイプ 詳細を問う問題

設問の内容から、女性の発言にヒントがあるはずだということが分かります。女性は❸と❹で「ロチェスターへ行こうと思っていますが、オークランドにも行く必要があります。乗り継ぎ列車はありますか」と述べています。乗継列車に関する情報を得たがっているので、これを抽象的に言い換えている (C) の Finding a good route「適切な経路を見つけること」が正解です。

12.

What does the woman need to do in Rochester?	女性はロチェスターで何をする必要がありますか。
(A) Meet a friend	(A) 友人に会う
(B) Book a ticket	(B) チケットを予約する
(C) Change trains	(C) 列車を乗り換える
(D) Attend a meeting	(D) 会議に出席する

正解 **D**

問題のタイプ **詳細を問う問題**

❺で女性は「会議のため午後1時までにロチェスターに到着しなければなりません」と述べています。よって、正解は (D) の Attend a meeting「会議に出席する」になります。

One-up

「～に参加する、出席する」は、attend の他に take part in、participate in をセットで覚えておいてください。

W 🇬🇧 M 🇨🇦 🎧 Track 068

Questions 13 through 15 refer to the following conversation.

W ❶We are running out of office supplies in the accounting department. Could you place an order with our supplier for me?

M Sure, I'll give them a call this afternoon. What do we need?

W ❷We've still got a lot of paper for the printers, but we need more printing ink. Oh, and I heard someone say we had run out of staples.

M OK. Is there anything else you can think of?

W Hmm. ❸Well, we're sending our yearly report to our investors next week. I think we should get some extra envelopes for that. Add anything else you can think of too.

M OK. I can't think of anything else right now, but I'll let you know if I do.

問題 13-15 は次の会話に関するものです。
W 経理部で事務用品が足りなくなってきています。卸売業者に発注してもらえますか。
M もちろんです、今日の午後に電話します。何が必要ですか。
W プリンター用の紙はまだたくさんあるのですが、印刷用のインクがもっと必要です。あ、それに誰かがホチキスの針が足りていないと言っていたのを聞きました。
M 分かりました。他に思いつくものは何かありますか。
W ええと。そうですね、来週当社の投資家に年次報告書を送ります。そのために追加で封筒を入手すべきでしょう。あなたが思いつくものも追加してください。
M 了解です。今は他に思いつくことはありませんが、思いついたらお知らせします。

語句
☐ run out of ～が足りない　☐ office supplies 事務用品
☐ accounting department 経理部　☐ place an order 注文する
☐ supplier 卸売業者　☐ extra 追加の　☐ envelope 封筒　☐ add ～を加える

13.

What division is the woman in?
(A) Accounting
(B) Marketing
(C) Customer relations
(D) Purchasing

女性はどの部署にいますか。
(A) 経理
(B) マーケティング
(C) 顧客窓口
(D) 購買

正解 A

問題のタイプ　詳細を問う問題

解説

女性は❶で「経理部で事務用品が足りなくなってきています」と述べています。主語が We「私たちは」なので、女性が所属する部門は accounting department「経理部」であることが分かります。よって、正解は（A）です。

14.

What does the woman say they have a lot of?
(A) Staples
(B) Envelopes
(C) Paper
(D) Ink

女性は何がたくさんあると言っていますか。
(A) ホチキスの針
(B) 封筒
(C) 紙
(D) インク

正解 C

問題のタイプ　詳細を問う問題

解説

設問の内容から、女性の発言にヒントがあるはずだということが分かります。女性は❷の中で「プリンター用の紙はまだたくさんあります」と発言しています。よって、正解は（C）です。それ以外の選択肢はすべて「足りていない、追加で必要だ」と言及されています。

One-up

staple は「ホチキス」ですが、「ホチキスの針」の意味もあります。stapler も「ホチキス」です。

15.

What will the woman do next week?
(A) Talk to investors
(B) Order ink to print the reports
(C) Send the investor reports
(D) Take inventory

女性は来週何をしますか。
(A) 投資家と話す
(B) 報告書を印刷するためのインクを発注する
(C) 投資家に報告書を送る
(D) 棚卸しをする

正解 **C**

問題のタイプ **次の行動を問う問題**

解説

女性は❸の中で「来週当社の投資家に年次報告書を送ります」と述べています。これをほぼそのまま簡潔に表している (C) の Send the investor reports「投資家に報告書を送る」が正解となります。

Questions 16 through 18 refer to the following conversation.

M ❶Hi, I'm calling about a microwave oven that I bought from your store last week. I need to talk with someone in customer service.

W I can help you. Is there a problem?

M Yes, the thing seems to have simply stopped working.

W That's odd. Can you tell me what model it is?

M It's the X918. It's supposed to be cutting-edge technology. ❷Anyway, I'd like to bring it in tomorrow for you to look at.

W <u>I thought you'd say that</u>! Please drop by, and we'd be happy to try and fix it.

問題 16-18 は次の会話に関するものです。
M もしもし、先週あなたのお店から買った電子レンジの件で電話しています。カスタマーサービスの方と話す必要があるのですが。
W 私が対応いたします。問題がおありですか。
M はい、電子レンジの動作がただ止まってしまうようなのです。
W それはおかしいですね。どのモデルか教えていただけますか。
M X918 です。最新の技術で作られているはずです。とにかく、見てもらえるよう明日それを持って行きたいのです。
W <u>そう言っていただけると思っていました</u>！ぜひお立ち寄りください、喜んで確認と修理をいたします。

語句

□ call about 〜の件で電話する 　□ microwave oven 電子レンジ
□ simply ただ、単純に 　□ cutting-edge 最新の、最先端の
□ drop by 立ち寄る 　□ be happy to do 喜んで〜する

16.

Where does the woman most likely work?
(A) In a department store
(B) In a community center
(C) In a tech firm
(D) In a restaurant

女性はどこで働いていると考えられますか。
(A) 百貨店
(B) 公民館
(C) テクノロジー企業
(D) レストラン

正解 **A**

問題のタイプ **概要を問う問題**

解説

❶の中で男性は「先週あなたのお店から買った電子レンジについて電話しています」と女性に伝えています。選択肢の中で電子レンジを販売している可能性があるのは、(A) の In a department store「百貨店」です。

17.

What does the man say he is going to do tomorrow?
(A) Clean an oven
(B) Find a model number
(C) Bring in a broken device
(D) Repair an old machine

男性は明日何をするつもりだと話していますか。
(A) オーブンを清掃する
(B) モデル番号を見つける
(C) 壊れた機器を持ってくる
(D) 古い機械を修理する

正解 **C**

問題のタイプ **詳細を問う問題**

解説

設問の内容から、男性の発言にヒントがあるはずだということが分かります。男性は❷の中で「見てもらえるよう明日それ（電子レンジ）を持って行きたい」と述べています。これを簡潔に言い換えている (C) の Bring in a broken device「壊れた機器を持ってくる」が正解です。

18.

What does the woman mean when she says, "I thought you'd say that"?

(A) She thinks a complaint has been satisfied.
(B) She expected the proposal that was offered.
(C) She wants a different type of recommendation.
(D) She has to transfer the call to someone else.

女性が "I thought you'd say that" と言う際、何を意図していますか。

(A) 彼女は苦情が解決したと思っている。
(B) 彼女は示された提案を予測していた。
(C) 彼女は違う種類の提案を望んでいる。
(D) 彼女は他の誰かに電話を転送しなければならない。

正解 **B**

問題のタイプ **意図問題**

解説

女性が I thought you'd say that と述べる直前に、男性は❷の中で「見てもらえるよう明日それ（電子レンジ）を持って行きたい」と述べています。これに対する発言なので、女性は男性の発言内容を既に予期していたことがうかがえます。この状況を抽象的に言い表している（B）が正解となります。

W 🇺🇸 M 🇨🇦   🎧 Track 070

Questions 19 through 21 refer to the following conversation.

W ❶So, uh… I see that next we're supposed to discuss the shortage of warehouse staff.

M That's right. ❷Sanjay Jindal, the manager, wants to hire at least 15 more people.

W I can understand his situation. However, we just don't have that much extra money in the budget right now.

M What about trying to bring on some temporary workers, maybe seven or eight, to help us through the holiday season.

W That could be a realistic option. ❸Contact a few of the contracting agencies and let me know how much that would cost.

問題 19-21 は次の会話に関するものです。
W それで、ええと、次に倉庫のスタッフ不足について話し合うことになっているようです。
M その通りです。マネージャーの Sanjay Jindal は最低でも 15 名採用したいそうです。
W 彼の状況は理解できます。しかし、現在の予算にはそのような額の余分な資金はありません。
M ホリデーシーズンの間手伝ってもらう目的で、臨時の従業員 7 名から 8 名くらいに来てもらってみてはどうでしょうか。
W それは現実的な選択肢かもしれません。契約代理店に 2、3 件連絡して、費用がどれくらいか私に知らせてください。

┌─ 語句 ─────────────────────────────────────┐
□ shortage 不足　□ warehouse 倉庫　□ budget 予算　□ temporary 臨時の
□ realistic 現実的な　□ option 選択肢　□ contracting agency 契約代理店
└──┘

19.

What is the conversation mainly about?

(A) The number of workers at a facility

(B) The rising costs of home ownership

(C) The renovation of a warehouse

(D) The promotion of an individual

この会話は主に何についてですか。

(A) 施設の従業員数

(B) 住宅所有にかかる費用の上昇

(C) 倉庫の改築

(D) 個人の昇進

正解 **A**

問題のタイプ **概要を問う問題**

解説

会話の冒頭の❶の中で、女性は「次に倉庫のスタッフ不足について話し合うことになっているようです」と発言しています。これを受けて男性は❷で「マネージャーの Sanjay Jindal は最低でも 15 名採用したいそうです」と述べています。スタッフ不足や必要な人数が話題となっているので、正解は (A) です。

One-up

the number of は「〜の数」ですが、a number of は「たくさんの〜」という意味です。

20.

What does the woman mean when she says, "I can understand his situation"?

(A) A change has already been made.

(B) A supervisor lacks some resources.

(C) An important shipment is long overdue.

(D) An employee will be given a holiday.

女性が "I can understand his situation" と言う際、何を意図していますか。

(A) すでに変更はなされている。

(B) スーパーバイザーは人材が足りていない。

(C) 重要な配送が大幅に遅れている。

(D) 従業員に休暇が与えられる。

よりぬき！テスト

解説

概要・攻略法

トレーニング

問題

解説

確認テスト

解説

正解 **B**

問題のタイプ **意図問題**

解説

女性が I can understand his situation と発言する直前に、男性は❷で「マネージャーの Sanjay Jindal は最低でも 15 名採用したいそうです」と述べています。これを受けての女性の発言なので、女性は「マネージャーは人員が不足している」ことは理解していることが分かります。これを抽象的な表現に言い換えている (B) の A supervisor lacks some resources.「スーパーバイザーは人材が足りていない」が正解です。

21.

What does the woman ask the man to do?
(A) Increase the current budget
(B) Bring in advanced equipment
(C) Get in touch with contractors
(D) Suggest more practical options

女性は男性に何をするよう依頼していますか。
(A) 現在の予算を上げる
(B) 高機能機器を導入する
(C) 請負業者と連絡を取る
(D) より現実的な選択肢を提案する

正解 **C**

問題のタイプ **依頼の内容を問う問題**

解説

設問の内容から、女性の発言にヒントがあるはずだということが分かります。❸の中で女性は「契約代理店に 2、3 件連絡してください」という依頼を男性にしています。よって、正解は (C) の Get in touch with contractors「請負業者と連絡を取る」です。

❶ 会話→選択肢の言い換え

Contact a few of the contracting agencies
➡ Get in touch with contractors

Questions 22 through 24 refer to the following conversation.

M Hi, welcome to Delivery Express. How may I help you?

W ❶I'm here to pick up a package. ❷It contains some tile samples for Bunton Materials, Incorporated… uh, my firm.

M Do you have a delivery slip?

W Yes, here it is… it was left on our office door on Saturday, when we were closed.

M ❸Okay then, please give that to me, and I'll look for your package. It should only take a few minutes.

W ❹Perhaps it's already on a delivery truck… I mean… on the way to our company again.

M That's unlikely. ❺If you received the slip on Saturday, we wouldn't normally try to make another delivery until Wednesday.

問題 22-24 は次の会話に関するものです。
M こんにちは、Delivery Express へようこそ。どのようなご用件ですか。
W 小包を受け取りに来ました。Bunton Materials 社、あ、私の会社ですが、その会社宛てでタイルのサンプルが入っています。
M 配送伝票はお持ちですか。
W はい、これです、土曜日にオフィスのドアに残されていて、その時弊社は閉まっていました。
M 分かりました、それをいただけますか、それでお客様の小包を探してきます。数分しかかからないはずです。
W もう配送トラックに積まれているかもしれませんね、つまり、また弊社に向かっているということです。
M それは可能性が低いです。土曜日にその伝票を受け取った場合、通常当社は水曜日まで再配達することはありません。

語句

☐ contain ～が入っている、～を含む ☐ delivery slip 配送伝票、納品書
☐ on the way to ～に向かう途中 ☐ unlikely 可能性が低い、ありそうもない
☐ normally 通常、ふつうは ☐ make another delivery 再配達する

22.

What does the woman want to pick up?
(A) A permission slip
(B) A machine
(C) Some samples
(D) Some supplier logos

女性は何を受け取りたいのですか。
(A) 許可証
(B) 機械
(C) サンプル
(D) 供給業社のロゴ

正解 C

問題のタイプ 詳細を問う問題

解説

設問の内容から、女性の発言にヒントがあるはずだということが分かります。女性は❶と❷の中で「小包を受け取りに来ました、その中には（女性の働いている）会社宛てでタイルのサンプルが入っています」と男性に伝えています。このことから、正解は（C）です。

23.

What does the man suggest the woman do?
(A) Wait for a delivery truck
(B) Come back on Wednesday
(C) Hand over a document
(D) Pay a small fee

男性は女性に何をするよう提案していますか。
(A) 配送トラックを待つ
(B) 水曜日に戻って来る
(C) 書類を手渡す
(D) 小額の支払いをする

正解 C

問題のタイプ 提案の内容を問う問題

解説

設問の内容から、男性の発言にヒントがあるはずだということが分かります。男性は❸で「分かりました、それ（配送伝票）をいただけますか」と言っています。よって、正解は（C）の Hand over a document「書類を手渡す」です。

❗会話→選択肢の言い換え

please give that to me ➡ Hand over a document

24.

Why does the man say, "That's unlikely"?

(A) To reassure the woman
(B) To avoid looking for a package
(C) To explain the loss of a container
(D) To express his disappointment

男性はなぜ "That's unlikely" と言っていますか。

(A) 女性を安心させるため
(B) 小包を探すのを避けるため
(C) 容器の紛失を説明するため
(D) 落胆を表現するため

正解 A

問題のタイプ 意図問題

解説

男性が That's unlikely と発言する直前に、女性は④の中で「(荷物は) もう配送トラックに積まれているかもしれませんね」と、今ここで荷物を受け取ることはできないかもしれないという懸念を示しています。それを「それは可能性が低いです」と否定し、続く⑤で男性は「通常当社は水曜日まで再配達することはありません」と述べ、荷物はまだここにあるはずだということを伝えています。これらのことから、正解は (A) の To reassure the woman「女性を安心させるため」です。

W 🇬🇧 M 🇨🇦   🎧 Track 072

Questions 25 through 27 refer to the following conversation.

W Thank you for meeting with me. ❶As you know, we are only a small marketing business, but we need more office space, fast!

M ❷Well, as your accountant, I can tell you that you'll need to take out a loan if you want to get a bigger office.

W Then that's what we need to do. We'll need to do it as quickly as possible.

M Why is it so urgent? Can't we just wait until next year?

W No. ❸We just got a new customer. ❹It's our biggest contract yet. ❺The problem is, we don't have enough employees for the job.

M I see. ❻So, if we have more space, then you can hire more employees.

問題 25-27 は次の会話に関するものです。
W 今日は私に会ってくださりありがとうございます。ご存知の通り、当社はほんの小規模なマーケティング企業ですが、より広い事務所スペースが必要です、早急に！
M ええと、あなたの会計士として、より大きな事務所を構えたいのであればローンを組む必要があると言えるでしょう。
W それならそれが私たちのすべきことです。できるだけ早急にする必要があります。
M なぜそんなに緊急なのですか。来年まで待てないのですか。
W 待てません。ちょうど新しい顧客を獲得したのです。当社にとって最大の契約です。ただ問題は、その仕事のために十分な従業員がいないのです。
M 分かりました。では、より広いスペースがあれば、さらに従業員を雇用できますね。

語句
☐ as you know ご存知の通り　☐ accountant 会計士　☐ urgent 緊急だ
☐ contract 契約　☐ yet 今までの中で　☐ enough 十分な

25.

What kind of business does the woman work for?
(A) An investment company
(B) An office supplies company
(C) An advertising agency
(D) A marketing agency

女性はどのような業種で働いていますか。
(A) 投資会社
(B) 事務用品会社
(C) 広告代理店
(D) マーケティング代理店

正解　D

問題のタイプ　詳細を問う問題

解説

女性は❶の中で「ご存知の通り、当社はほんの小規模なマーケティング企業です」と述べています。よって、正解は (D) です。

❶ 会話→選択肢の言い換え

marketing business ➡ marketing agency

26.

What advice does the man give?
(A) Borrowing money
(B) Buying a new office
(C) Hiring new employees
(D) Taking the contract

男性はどのような助言をしていますか。
(A) 資金を借りる
(B) 新しいオフィスを購入する
(C) 新しい従業員を雇用する
(D) 契約を受け入れる

正解　A

問題のタイプ　詳細を問う問題

解説

設問の内容から、男性の発言にヒントがあるはずだということが分かります。男性は❷の中で「より大きな事務所を構えたいのであればローンを組む必要がある」と女性に伝えています。これを簡潔に言い換えた (A) の Borrowing money「資金を借りる」が正解となります。

❶ 会話→選択肢の言い換え

take out a loan ➡ Borrowing money

27.

What does the woman need the money for?

(A) Finding new customers
(B) Completing a new contract
(C) Training her staff
(D) Upgrading her office equipment

女性は何のために資金が必要なのですか。

(A) 新しい顧客を見つける
(B) 新たな契約を履行する
(C) スタッフを訓練する
(D) 事務所の設備を更新する

正解 B

問題のタイプ 詳細を問う問題

解説

女性は❸〜❺で「ちょうど新しい顧客を獲得したのです。当社にとって最大の契約です。ただ問題は、その仕事のために十分な従業員がいないのです」と述べており、これに対して男性は❻で「では、より広いスペースがあれば、さらに従業員を雇用できますね」と応答しています。より多くの資金があればより広い場所を借りることができ、新しく従業員を雇うこともでき、新規顧客の契約を履行することもできるという話なので、正解は（B）です。

Questions 28 through 30 refer to the following conversation and brochure.

M ❶Thanks for taking care of that delivery of wedding cakes, Janice. It must be hard returning to work after your vacation.

W Oh, it's nothing. But I can see that you're very busy with the two women we just hired.

M Yes, that's right. ❷By the way, I'd like you to taste the new cream we've been using while you were away and let me know how you like it. ❸It only costs forty euros a liter, and all of our customers have been delighted by it so far.

W ❹Oh… yes… it… does taste better than the other ones we usually use. Is there anything else?

M ❺Actually, I'd like to have the new hires follow you around this morning as you sort of demonstrate your daily routine. ❻I think they'd learn a lot from you, especially observing you while you set up that conference catering order we just received… the one from the customer that wants all the pies.

問題 28-30 は次の会話とパンフレットに関するものです。
M ウェディングケーキの配達に対応してくれてどうもありがとう、Janice。休暇の後で仕事に戻るのは大変でしょう。
W ああ、何でもありませんよ。でもあなたは採用したての 2 名の女性のことでとても忙しそうですね。
M ええ、そうですね。ところで、あなたが不在の間に私たちが使っていた新しいクリームを味見してほしいのです、それでどう思うか教えてもらえますか。1 リットルたったの 40 ユーロで、今のところお客さんはみな喜んでくれています。
W ええと、はい、いつも使っている他のよりも確かにおいしいですね。他に何かありますか。
M 実は、今日の午前中、新たに雇った人たちをあなたにつかせて日々の業務を実際に行う様子を見てもらいたいと思っています。あなたから多くを学べると思うのです、特に受けたばかりの会議用ケータリングの注文…パイをすべて希望している顧客からの注文を手配するのを観察することでね。

語句

☐ brochure パンフレット　☐ take care of ～の世話をする　☐ delivery 配達
☐ return to work 仕事に戻る　☐ by the way ところで
☐ I'd like you to do あなたに～してほしい　☐ taste ～を味見する
☐ while ～する間に　☐ be away 不在だ　☐ let me know ～を教えてください
☐ cost （費用が）かかる　☐ euro ユーロ　☐ liter リットル
☐ be delighted 喜ぶ　☐ so far 今のところ　☐ I'd like to do 私は～したい
☐ hire 雇われた人　☐ follow ～についていく　☐ sort of ちょっと
☐ demonstrate ～を実演する　☐ daily routine 日常業務　☐ especially 特に
☐ observe ～を観察する　☐ set up ～を手配する
☐ conference catering order 会議用ケータリングの注文
☐ receive ～を受け取る

28.

Who most likely is the woman?
(A) A receptionist
(B) A pastry chef
(C) A waitress
(D) A cashier

女性は誰だと考えられますか。
(A) 受付係
(B) パティシエ
(C) ウェイトレス
(D) レジ係

正解 **B**

問題のタイプ 概要を問う問題

解説

男性は❶の中で「ウェディングケーキの配達に対応してくれてどうもありがとう」と述べています。また、❷では「あなたが不在の間に私たちが使っていた新しいクリームを味見してほしい」とも言っています。これらのことから、女性は「ケーキを制作する」、「材料の味見をする」ことを普段からやっていることがうかがえます。よって、正解は（B）の A pastry chef「パティシエ」になります。

29.

Look at the graphic. Which cream did the woman most likely taste?
(A) Fine Dairy
(B) Sunny Vale
(C) Sweet Delight
(D) Organic Skies

図を見てください。女性が試食したのはどのクリームだと考えられますか。
(A) Fine Dairy
(B) Sunny Vale
(C) Sweet Delight
(D) Organic Skies

正解 **C**

問題のタイプ 図表問題

解説

選択肢と図表に共通するのは「商品名」です。図表上の商品名以外の部分、つまり「1 リットル当たりの値段」が正解のヒントになると目星をつけて会話を聞くようにします。男性は❸で「1 リットルたったの 40 ユーロで、今のところお客さんはみな喜んでくれています」と言い、これに対して女性は❹で「ええと、はい、いつも使っている他のよりも確かにおいしいですね」と応答しています。女性が味見したクリームは「40 ユーロ」なので、正解は (C) の Sweet Delight になります。

30.

What does the man want the woman to do?
(A) Prepare some extra filling
(B) Learn how to make pies
(C) Teach new employees
(D) Work later than usual

男性は女性に何をしてほしいと望んでいますか。
(A) 中身の具材を余分に準備する
(B) パイの作り方を学ぶ
(C) 新しい従業員に教える
(D) 残業する

正解　C

問題のタイプ　依頼の内容を問う問題

解説

設問の内容から、男性の発言にヒントがあるはずだということが分かります。男性は❺と❻の中で「今日の午前中、新たに雇った人たちをあなたにつかせて日々の業務を実際に行う様子を見てもらいたいと思っています。あなたから多くを学べると思うのです」と女性に伝えています。これらを簡潔に言い換えている (C) の Teach new employees「新しい従業員に教える」が正解です。

Questions 31 through 33 refer to the following conversation and pie chart.

W   Hi, Morgan. I'd like to discuss our performance figures from last quarter. I mean... uh… our online sales, they're still not as high as we'd projected.

M   I know that… uh… as a sporting goods firm we've really fallen short in that area. I'm wondering if we should upgrade our Web site. ❶Our latest customer reviews complain about how it looks too old and seems hard to use. ❷We need to benchmark our site against the market leader in this situation.

W   That's an excellent idea. We should also change our digital strategy to make us more visible, you know… appear more on social media. That way, users are just a click away from shopping with us.

M   ❸I'll talk to the online marketing team this afternoon and ask them to write up some specific proposals.

W   Great. ❹They're experts in that kind of thing.

問題 31-33 は次の会話と円グラフに関するものです。

W   こんにちは、Morgan。前四半期の業績データについて話し合いたいです。つまり、当社のオンラインセールスのことですが、私たちが推定していた程にはまだ伸びていません。

M   そうなのですよね、スポーツ用品会社として当社はこの分野であまり達成できていません。ウェブサイトをアップグレードすべきではないでしょうか。最近の顧客からの評価では見た目がとても古く使いづらそうだとの苦情があります。この場合、市場リーダーを基準にして当社のサイトを評価する必要があります。

W   それは素晴らしい考えです。当社をもっと可視化させるためデジタル戦略も変更すべきで、ほら、ソーシャルメディアでの露出を増やすべきです。そうすれば、ユーザーはクリックするだけで当社から買い物をすることができますね。

M   今日の午後にオンラインマーケティングチームと話して、具体的な提案をいくつか書き出してもらうよう頼んでみます。

W   いいですね。そういったことに関して彼らは専門家ですから。

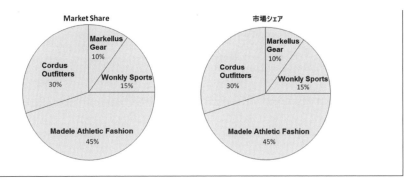

語句

☐ pie chart 円グラフ　☐ discuss ～について話し合う
☐ performance figure 業績データ　☐ still いまだにずっと
☐ project ～を予想する　☐ sporting goods スポーツ用品　☐ firm 会社
☐ fall short （目標などに）達しない
☐ I'm wondering if ～すべきではありませんか
☐ upgrade ～をアップグレードする　☐ latest 最新の
☐ complain about ～について苦情を言う　☐ too A to do Aすぎて～できない
☐ benchmark ～を基準にする　☐ against ～と対照して
☐ in this situation この場合　☐ strategy 戦略　☐ make A B AをBにする
☐ visible 目に見える　☐ appear 現れる
☐ be a click away from shopping with クリックするだけで～から買い物をする
☐ write up ～を書き出す　☐ specific proposal 具体的な提案

31.

According to the man, what have
customers said about the Web site?
(A) Its selection is not wide enough.
(B) Its design is behind the times.
(C) Some products are overpriced.
(D) The payment process is faulty.

男性によると、顧客はウェブサイトについて何と言っていますか。
(A) その品揃えは十分幅広くない。
(B) そのデザインは時代遅れだ。
(C) 製品のいくつかは不当に高額である。
(D) 支払いプロセスに欠陥がある。

正解 **B**

問題のタイプ **詳細を問う問題**

解説

設問の内容から、男性の発言にヒントがあるはずだということが分かります。男性は❶で「最近の顧客からの評価では見た目がとても古く使いづらそうだとの苦情があります」と述べています。よって、正解は (B) の Its design is behind the times.「そのデザインは時代遅れだ」になります。

❶ 会話→選択肢の言い換え

looks too old ➡ behind the times

One-up

「時代遅れの」という表現は、今回登場した behind the times 以外にも、outdated、obsolete、out of date などをセットで押さえておいてください。逆に「最新の」は latest、updated、current などがあります。

32.

Look at the graphic. Which
company will be benchmarked?
(A) Markellus Gear
(B) Wonkly Sports
(C) Madele Athletic Fashion
(D) Cordus Outfitters

図を見てください。どの会社が基準となりますか。
(A) Markellus Gear
(B) Wonkly Sports
(C) Madele Athletic Fashion
(D) Cordus Outfitters

正解 **C**

問題のタイプ **図表問題**

解説

選択肢と図表に共通するのは「会社名」です。図表上の商品名以外の部分、つまり「市場におけるシェアのパーセンテージ」が正解のヒントになると目星をつけて会話を聞くようにします。男性は❷で「この場合、市場リーダーを基準にして当社のサイトを評価する必要があります」と述べています。シェアが最大なのは Madele Athletic Fashion の45%なので、正解は（C）になります。

33.

What does the man offer to do?
(A) Design a new Web site
(B) Buy some online advertisements
(C) Update a monthly presentation
(D) Speak with some specialists

男性は何をすると申し出ていますか。
（A）新しいウェブサイトをデザインする
（B）オンライン広告を購入する
（C）月例のプレゼンテーションを更新する
（D）専門家と話をする

正解 D

問題のタイプ **申し出の内容を問う問題**

解説

設問の内容から、男性の発言にヒントがあるはずだということが分かります。男性は❸で「今日の午後にオンラインマーケティングチームと話して、具体的な提案をいくつか書き出してもらうよう頼んでみます」と述べています。これを簡潔に言い換えている（D）の Speak with some specialists「専門家と話をする」が正解です。女性も❹でオンラインマーケティングチームのことを「専門家」であると述べています。

よりぬき！テスト

解説

概要・攻略法

トレーニング

問題

解説

確認テスト

解説

M 🇦🇺 W 🇬🇧 Track 075

Questions 34 through 36 refer to the following conversation and map.

M Hi, Chiyo. ❶I'm glad to see you've signed up for the computer training session this weekend.

W ❷Yes, I'm very excited about it. The only problem is that I was away at a meeting when the information sheets were distributed. ❸I'm guessing the event will be held in the laboratory, like last year.

M ❹Actually… uh… it's in the other room right next to the cafeteria. Here… take a look.

W Oh, I see. You know what? ❺Why don't we go together? I'll pick you up at 8:00 at your house.

M Okay, thanks.

問題 34-36 は次の会話と地図に関するものです。
M やあ、Chiyo。今週末のコンピューター講習会にあなたが申し込んだのを知って嬉しいです。
W はい、とても楽しみにしています。ただひとつ問題があって、情報シートが配られた時に私は会議で離れていたのです。講習会は去年のように実習室で行われると思っているのですが。
M 実は、ええと、カフェテリアのすぐ隣の他の部屋です。ほら、見てください。
W ああ、分かりました。そうだ。一緒に行くのはどうですか。8時にあなたの家に迎えに行きます。
M いいですね、ありがとう。

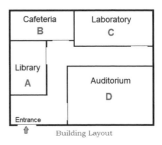

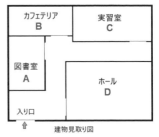

34.

What are the speakers mainly discussing?
(A) Participating in a workshop
(B) Copying some documents
(C) Preparing a keynote speech
(D) Attending a ceremony

話し手たちは主に何を話し合っていますか。
(A) 講習会への参加
(B) 文書の複製
(C) 基調講演の準備
(D) 式典への出席

正解 A

問題のタイプ 概要を問う問題

解説

❶で男性は女性に対して「今週末のコンピューター講習会にあなたが申し込んだのを知って嬉しいです」と伝えています。女性もこれに対して❷で「はい、とても楽しみにしています」と応答しているので、正解は (A) の Participating in a workshop「講習会への参加」です。

❗会話→選択肢の言い換え

signed up for the computer training session
➡ Participating in a workshop

One-up

「～に申し込む、登録する」は、sign up for ≒ register for で表します。

35.

Look at the graphic. Where will the event be held?
(A) In the library
(B) In the cafeteria
(C) In the laboratory
(D) In the auditorium

図を見てください。このイベントはどこで行われますか。
(A) 図書室で
(B) カフェテリアで
(C) 実習室で
(D) ホールで

正解 A

問題のタイプ 図表問題

解説

選択肢と図表に共通していないのは Entrance「入り口」だけです。本問は他の多くの図表問題とは違うパターンであると分かるため、図表を見ながらしっかりと会話の音声に耳を傾けるようにします。まず、女性が❸で「講習会は去年のように実習室で行われると思っているのですが」と述べ、これに対して男性は❹で「実は、ええと、カフェテリアのすぐ隣の他の部屋です」と応答しています。カフェテリアの隣にあるのは実習室と図書室ですが、講習会は実習室で行われるのではないことが分かるため、正解は（A）になります。

One-up

選択肢と図表に共通していない部分がほとんどない図表問題は、図表を見つつ、会話の内容をヒントに正解をたどるようにして解答してください。

36.

What does the woman suggest?	女性は何を提案していますか。
(A) Purchasing some books	（A）本を購入すること
(B) Inviting some coworkers	（B）同僚を招待すること
(C) Accompanying one another	（C）一緒に行くこと
(D) E-mailing an instructor	（D）インストラクターにEメールを送ること

正解 C

問題のタイプ 提案の内容を問う問題

解説

設問の内容から、女性の発言にヒントがあるはずだということが分かります。❺で女性は「一緒に行くのはどうですか」と提案しているので、正解は（C）のAccompanying one another「一緒に行くこと」になります。

One-up

accompany は「〜を同行する」という他動詞、one another は「お互い」（≒each other）という代名詞です。「お互いを同行する」→「一緒に行く」という意味になります。

W 🇺🇸 M 🇨🇦

Questions 37 through 39 refer to the following conversation and schedule.

W ❶Howard, none of our projectors are working... uh... and we've got a 4 o'clock meeting today. Could you buy one or two new ones at our usual place?

M Oh... no. I should've gotten some additional units before this happened. It just kept slipping my mind. ❷I'll have time after my lunch meeting to pick them up. I'll have to finish before my quality control meeting, though.

W Oh, I'm sure you'll be able to do that. The store is just a couple of blocks away.

M ❸While I'm out, would you be able to take a look at my report? ❹I've got to present it to a committee tomorrow, and I just e-mailed it to you.

W Sure, no problem.

問題 37-39 は次の会話と予定表に関するものです。

W Howard、私たちのプロジェクターはどれも動かなくて、ええと、今日は 4 時に会議があります。いつもの場所でひとつかふたつ新しいものを買ってきてくれますか。

M ああ、なんてことだ。こうなる前に余分にいくつか入手しておくべきでした。いつもうっかり忘れてしまって。ランチミーティングの後に取りに行く時間があります。品質管理会議の前に終わらせなければなりませんが。

W あら、あなたならきっとできるはずです。その店は数ブロック離れているだけですから。

M 私が外出している間、報告書に目を通していただけますか。明日、委員会で発表しなくてはならず、ちょうどあなたに E メールで送ったところです。

W もちろん、問題ないです。

9 A.M. -10 A.M.	Department meeting	午前 9 時 - 午前 10 時	部署会議
10 A.M. - 11 A.M.	Client consultation	午前 10 時 - 午後 11 時	クライアントとの話し合い
11 A.M. - 12 P.M.		午後 11 時 - 午後 12 時	
12 P.M. - 1 P.M.	Lunch with Jessica Brown (VIP client)	午後 12 時 - 午後 1 時	Jessica Brown（重要クライアント）との昼食
1 P.M. - 2 P.M.		午後 1 時 - 午後 2 時	
2 P.M. - 3 P.M.	Quality control meeting	午後 2 時 - 午後 3 時	品質管理会議

語句

□ none of ～のいずれも…ではない　□ usual いつもの
□ should've gotten ～を手に入れておくべきだった　□ additional 追加の
□ happen 起こる　□ keep doing ～し続ける　□ slip one's mind 忘れる
□ pick something up ～を取りに行く　□ quality control meeting 品質管理会議
□ though ～なのだけれども　□ a couple of 2、3の
□ take a look at ～を見る　□ I've got to do ～することになっている
□ present A to B AをBに発表する　□ committee 委員会
□ e-mail A to B AをBにEメールで送る

37.

What problem does the woman mention?

(A) Some meetings have been canceled.
(B) Some equipment is not available.
(C) A deadline cannot be met.
(D) A projector is not working.

女性はどのような問題について述べていますか。

(A) いくつか会議がキャンセルされた。
(B) 機材がいくつか使用できない。
(C) 締め切りに間に合えない。
(D) ひとつのプロジェクターが動かない。

正解　B

問題のタイプ 詳細を問う問題

解説

設問の内容から、女性の発言にヒントがあるはずだということが分かります。女性は❶の中で「私たちのプロジェクターはどれも動かなくて」と述べています。これを簡潔に抽象的に言い換えている (B) の Some equipment is not available.「機材がいくつか使用できない」が正解です。

One-up

available は「利用（使用）できる」、「入手できる」という意味を持つ頻出単語で、対義語は unavailable です。

38.

Look at the graphic. When will the man visit the store?
(A) 9 A.M. - 10 A.M.
(B) 11 A.M. - 12 P.M.
(C) 12 P.M. - 1 P.M.
(D) 1 P.M. - 2 P.M.

図を見てください。男性はいつ店舗を訪れますか。
(A) 午前 9 時 - 午前 10 時
(B) 午前 11 時 - 午後 12 時
(C) 午後 12 時 - 午後 1 時
(D) 午後 1 時 - 午後 2 時

正解 D

問題のタイプ 図表問題

解説

選択肢と図表に共通するのは「時間」です。図表上の時間以外の部分、つまり「予定の内容」が正解のヒントになると目星をつけて会話を聞くようにします。男性は❷で「ランチミーティングの後に取りに行く時間があります」と言っています。よって、正解は（D）の 1 P.M. - 2 P.M.「午後 1 時 - 午後 2 時」です。

39.

What does the man ask the woman to do?
(A) Send some information
(B) Reply to some letters
(C) Review a presentation
(D) Contact a staff member

男性は女性に何をするよう依頼していますか。
(A) 情報を送ること
(B) 手紙に返信すること
(C) プレゼンテーションを確認すること
(D) 従業員に連絡を取ること

正解 C

問題のタイプ 依頼の内容を問う問題

解説

設問の内容から、男性の発言にヒントがあるはずだということが分かります。男性は❸の中で「私が外出している間、報告書に目を通していただけますか」と女性に依頼し、続く❹の中では「明日、委員会で発表しなくてはならず」と述べています。「報告書」は「委員会で発表するもの」なので「プレゼンテーション」に相当することが分かります。よって、正解は（C）です。

Questions 40 through 42 refer to the following conversation and map.

M ❶Your registration is complete, Ms. Carter. Here's your visitor badge and some information regarding our convention.

W Thank you. ❷I also look forward to some of this evening's lectures, especially the ones on cybersecurity. I've heard they're excellent.

M You'll find a list of those in the packet I just handed to you.

W Oh, thanks. Um… one more thing. Can you direct me to our company's booth? My colleagues are waiting for me there.

M Certainly. Here's a map. ❸Your company's setup is in this section, next to the stage and opposite the food court.

問題 40-42 は次の会話と地図に関するものです。
M 登録は完了しました、Carter 様。これが訪問者バッジと会議に関する情報です。
W ありがとうございます。それに今晩のいくつかの講義も楽しみにしています、特にサイバーセキュリティに関する講義が。素晴らしいと聞きました。
M 今お渡ししたパックの中にそれらのリストを見つけられると思います。
W あ、ありがとう。ええと、もうひとつあるのですが。私の会社のブースへの道を教えていただけますか。同僚がそこで待っているのです。
M もちろんです。これが地図です。お客様の会社の配置はこのセクション、ステージの隣でフードコートの向かいにあります。

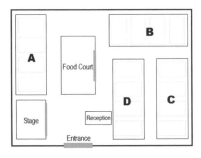
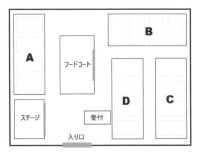

40.

What most likely is the man's job?
(A) Real estate agent
(B) Event organizer staff
(C) Hotel interior decorator
(D) Cinema counter employee

男性の仕事は何だと考えられますか。
(A) 不動産業者
(B) イベント主催側のスタッフ
(C) ホテルのインテリアコーディネーター
(D) 映画館のカウンタースタッフ

正解 B

問題のタイプ 概要を問う問題

解説

男性は❶の中で「登録は完了しました」と女性に伝え、これに対して女性は❷で「今晩のいくつかの講義も楽しみにしています」と応答しています。このことから男性は「講義の受付をする立場にある人」であることが分かるため、正解は（B）です。

One-up

staff「スタッフ」は集合名詞です。「従業員、スタッフ全体」を表す単語なので、冠詞のaは前には付けません。「スタッフ1人」を表したいのであれば、a staff member という表現を使います。

41.

What does the woman want to do this evening?
(A) Speak to a manager
(B) Get a discount
(C) Watch a fashion show
(D) Hear some lectures

女性は今晩何をしたいと望んでいますか。
(A) マネージャーと話す
(B) 割引を得る
(C) ファッションショーを見る
(D) 講義を聞く

正解 D

問題のタイプ 詳細を問う問題

解説

設問の内容から、女性の発言にヒントがあるはずだということが分かります。❷の中に「それに今晩のいくつかの講義も楽しみにしています」とあるため、正解は（D）の Hear some lectures「講義を聞く」になります。

215

to の後ろには動詞の原形が続いて不定詞を構成する場合が多いですが、look forward to「〜を楽しみに待つ」の後ろには動詞の ing 形や名詞が続くので注意が必要です。

① look forward to doing「〜することを楽しみに待つ」
② be committed to doing「〜することに専念する」
③ be dedicated to doing「〜することに専念する」
④ be devoted to doing「〜することに専念する」

これら4つを「to の後ろに doing が続くパターン」として押さえておいてください。

42.

Look at the graphic. Where will the woman most likely meet her colleagues?

(A) In Section A
(B) In Section B
(C) In Section C
(D) In Section D

図を見てください。女性はどこで同僚に会うと考えられますか。

(A) セクション A
(B) セクション B
(C) セクション C
(D) セクション D

正解　A

問題のタイプ　図表問題

解説

選択肢と図表に共通するのは「セクションの記号」です。図表上のセクションの記号以外の部分、つまり「Food Court」、「Reception」、「Stage」、そして「Entrance」が正解のヒントになると目星をつけて会話を聞くようにします。ブースのある場所を尋ねる女性に対して、男性は❸で「お客様の会社の配置はこのセクション、ステージの隣でフードコートの向かいにあります」と応答しています。よって、正解は (A) です。

One-up

opposite は「〜の反対側に」、「〜に向かい合って」という意味の前置詞としてよく使われます。前置詞なので後ろには opposite the food court「フードコートの向かいに」のように使います。

解説

Part 4

W 🇬🇧

🎧 Track 078

Questions 1 through 3 refer to the following announcement.

Hi, everyone, and welcome to Jarvis-Shin Corporation. I'm Sandra Collins from Human Resources, ❶and I'll guide you through your first day here. First, I want to congratulate you on passing our rigorous interview process. ❷Whether you're assigned to accounting, cybersecurity, or planning, you're going to help as we design intelligent systems for phones, desktops, cars and even refrigerators. Any product that has Internet connectivity and uses our systems automatically becomes smarter. ❸I can see a few of you already have questions. Please hold them for just a little while longer. ❹I'll turn things over to Sheila Watkins in a moment, and she'll take them.

問題 1-3 は次の案内に関するものです。
皆さん、こんにちは、Jarvis-Shin 社へようこそ。私は人事部の Sandra Collins と申しまして、ここでの最初の一日をご案内します。まず、当社の厳しい面接プロセスを通過した皆さん、おめでとうございます。会計、サイバーセキュリティー、または企画立案のいずれに配属されたかにかかわらず、電話、デスクトップ、車、さらには冷蔵庫用のインテリジェントシステムをデザインする過程で皆さんは役割を果たすことになります。インターネットに接続され当社のシステムを利用する製品はどれも、自動的にさらに高性能になります。皆さんの中にはすでに質問がある方もいらっしゃるようです。もう少しの間だけお待ちください。まもなく Sheila Watkins に引き継ぎますので、彼女が質問を受け付けます。

語句
□ rigorous 厳しい　□ assign 配属する　□ accounting 会計
□ connectivity 接続されていること、接続性　□ automatically 自動的に
□ turn over to ～に引き継ぐ

217

1.

Where does the speaker most likely work?
(A) At a fashion company
(B) At a government office
(C) At an IT firm
(D) At an event planner

話し手はどこで働いていると考えられますか。
(A) ファッション企業
(B) 官庁
(C) IT企業
(D) イベント企画会社

正解 C

問題のタイプ 概要を問う問題

解説

話し手は②で「会計、サイバーセキュリティー、または企画立案のいずれに配属されたかにかかわらず、電話、デスクトップ、車さらには冷蔵庫用のインテリジェントシステムをデザインする過程で皆さんは役割を果たすことになります」と述べています。このことから、この会社は IT 関連の製品の開発を行っていることがうかがえます。よって、正解は（C）です。

2.

What did the listeners recently do?
(A) Become members of a firm
(B) Complete a consumer survey
(C) Organize a conference
(D) Earn a series of patents

聞き手たちは最近何をしましたか。
(A) 会社の一員になる
(B) 消費者アンケートを記入する
(C) 会議を開催する
(D) 一連の特許を獲得する

正解 A

問題のタイプ 詳細を問う問題

解説

①の中で話し手は「ここでの最初の一日をご案内します」と言っています。聞き手は今日からこの会社に入社したと推測できるため、正解は（A）の Become members of a firm「会社の一員になる」になります。

3.

Why does the speaker say, "Please hold them for just a little while longer"?

(A) To show that she is too busy at the moment

(B) To delay the handing over of some documents

(C) To indicate that another person will have answers

(D) To assert that goals should be reached as soon as possible

話し手が "Please hold them for just a little while longer" と言うのはなぜですか。

(A) 彼女が今とても忙しいことを示すため

(B) 文書の受け渡しを遅らせるため

(C) 他の人が回答することを示すため

(D) 目標をできるだけ早く達成させる必要があることを断言するため

正解 **C**

問題のタイプ **意図問題**

解説

話し手は❸で「皆さんの中にはすでに質問がある方もいらっしゃるようです」と聞き手に伝え、Please hold them for just a little while longer「もう少しの間だけお待ちください」と続けています。さらに❹で「まもなく Sheila Watkins に引き継ぎますので、彼女が質問を受け付けます」と述べているため、設問にある発言の意図は「（別の人が質問に答えるので）お待ちください」ということになります。よって、正解は（C）です。

M

🎧 Track 079

Questions 4 through 6 refer to the following announcement.

❶As you know, Christina Chan from Okran Machine Tools will be visiting next Monday from Hong Kong. ❷We'll meet her at 9:00 A.M. at our office to give her an overview of our products. ❸We'll then visit our factory at 10:30 A.M. She may have many questions on everything from assembly lines to safety guidelines. You know how to handle this. ❹We'll end the tour at 4:00 P.M., and have dinner at the Red Coral Restaurant before she returns to her hotel. <u>Remember, she's only going to be here for one day</u>. ❺We hope to close a deal with her company before she leaves.

問題 4-6 は次の案内に関するものです。
皆さんご存知のように、Okran Machine Tools 社の Christina Chan が来週の月曜日に香港から訪問されます。当事務所で午前 9 時に彼女と会い、当社製品の概要を彼女に説明します。その後、午前 10 時 30 分に当社工場を訪問します。組み立てラインから安全指針に至るすべてに関してたくさんの質問をお持ちになるでしょう。どう対応するか皆さん分かっていますね。午後 4 時に見学を終え、Red Coral レストランで夕食をとり、彼女はホテルに戻ります。<u>彼女はここに 1 日しか滞在しませんので</u>お忘れなく。彼女が発つ前に彼女の企業と契約を結べることを願っています。

語句
□ overview 概要　□ assembly line 組み立てライン　□ handle 対応する
□ close a deal with ～と契約を結ぶ

220

4.

What is the speaker mainly
discussing?
(A) A flight schedule
(B) A travel agency
(C) A catering plan
(D) A client's itinerary

話し手は主に何を説明していますか。
(A) フライトスケジュール
(B) 旅行代理店
(C) ケータリングの計画
(D) クライアントの旅程

正解 **D**

問題のタイプ **概要を問う問題**

解説

話し手は❶の中で「Okran Machine Tools 社の Christina Chan が来週の月曜日に
香港から訪問されます」と述べ、続く❷と❸では Chan さんの具体的な行動予定が
示されています。よって、正解は (D) の A client's itinerary「クライアントの旅程」
です。

One-up

itinerary「旅程」は頻出で、plan や schedule に言い換えることができます。

5.

What does the speaker say the
listeners will do after the factory
tour?
(A) Have a conference
(B) Return to a hotel
(C) Contact an office
(D) Go out for a meal

工場見学の後に聞き手が何をすると話し
手は言っていますか。
(A) 会議をする
(B) ホテルに戻る
(C) 事務所に連絡する
(D) 食事のために外出する

正解 **D**

問題のタイプ **次の行動を問う問題**

解説

❹の中で話し手は「(工場は) 午後 4 時に見学を終え、Red Coral レストランで夕
食をとる」と言っています。よって、正解は (D) の Go out for a meal「食事のた
めに外出する」になります。

❶ トーク→選択肢の言い換え

have dinner at the Red Coral Restaurant ➡ Go out for a meal

6.

Why does the speaker say, "Remember, she's only going to be here for one day"?

(A) To assure that potential expenses will be limited

(B) To suggest that no deadline extension will be allowed

(C) To imply that a good impression should be made

(D) To express disappointment over a short assignment

話し手が "Remember, she's only going to be here for one day" と言うのはなぜですか。

(A) 見込まれる支出には限りがあることを断言するため

(B) 締め切りの延長は認められないことを提言するため

(C) 良い印象を与えるべきだということを暗に伝えるため

(D) 任期が短いことへの落胆を表現するため

正解　C

問題のタイプ　意図問題

解説

話し手は Remember, she's only going to be here for one day と述べた後、❺で「彼女が発つ前に彼女の企業と契約を結べることを願っています」と続けています。「Chan さんに良い印象を持っていただくチャンスはこの日しかない」ということを聞き手に伝えたいがための発言だと考えられるので、正解は（C）です。

W 🇺🇸

🎧 Track 080

Questions 7 through 9 refer to the following announcement.

❶Up next for discussion is our latest car, the Speed Pro. As you can see from the printouts that I've laid at each of your seats, this model combines elegant design with impressive features such as wood and leather interiors. ❷More importantly, it displayed outstanding performance on road tests. ❸I want to thank the engineers who brought this concept to life and worked a lot of overtime in the development and testing phases. I've never seen anything like it. ❹Their work has ensured that we'll meet our February 1 release date.

問題 7-9 は次の案内に関するものです。
次の議論は、当社の最新車種、Speed Pro です。皆さんの座席に配布したプリントにも見て取れるように、このモデルはエレガントなデザインに木や革のインテリアといった印象的な特徴を併せ持っています。より重要なのは、路上テストで卓越した性能を示したことです。この概念を現実のものにし、開発やテストの段階でかなりの残業をして働いてくれたエンジニアたちに、感謝の意を伝えたいです。このようなものは今までに見たことがありません。彼らの努力のおかげで当社は 2 月 1 日の発売日に間に合うことができるでしょう。

[語句]
□ combine ～を併せ持つ、兼ね備える　□ feature 特徴
□ outstanding 卓越した　□ phase 段階　□ ensure ～を確実にする、保証する

7.

What type of product is being discussed?

(A) A printing device
(B) A new vehicle
(C) A software package
(D) A piece of furniture

どのような種類の製品が説明されていますか。

(A) 印刷機器
(B) 新しい車両
(C) ソフトウェアパッケージ
(D) 家具一点

正解 **B**

問題のタイプ **詳細を問う問題**

解説

話し手は❶の中で「当社の最新車種、Speed Pro です」と述べています。よって、正解は (B) の A new vehicle「新しい車両」です。

❶ トーク→選択肢の言い換え

our latest car ➡ A new vehicle

One-up

What type of product is being discussed? では、be 動詞＋動詞の ing 形からなる進行形と、be 動詞＋過去分詞から成る受動態の両方が使われています。意味は「〜されている最中」で、Part 1 の英文に頻出です。

8.

What does the speaker imply when she says, "I've never seen anything like it"?

(A) A team was well-organized.
(B) A system was efficient.
(C) A location was ideal.
(D) An effort was impressive.

話し手が "I've never seen anything like it" と言う際、何を示唆していますか。

(A) チームはうまくまとまっていた。
(B) システムは効率的だった。
(C) 立地は理想的だった。
(D) 努力が印象的だった。

正解 **D**

問題のタイプ **意図問題**

解説

❷と❸で話し手は、エンジニアたちが並大抵ではない努力をしたことを、具体的にほめたたえています。それを受けての I've never seen anything like it「このようなものは今までに見たことがありません」なので、正解は（D）の An effort was impressive.「努力が印象的だった」になります。

9.

Why does the speaker mention the engineers?
(A) They helped the company meet a deadline.
(B) They reduced their usual amount of overtime.
(C) They suggested design changes to a laboratory.
(D) They lowered the ordinary production costs.

話し手はなぜエンジニアについて触れているのですか。
(A) 彼らは会社が締め切りに間に合うのに役立った。
(B) 彼らは通常量の残業を削減した。
(C) 彼らは研究所にデザインの変更を提案した。
(D) 彼らは普段の製造費を低減させた。

正解 A

問題のタイプ 詳細を問う問題

解説

話し手は❹で「彼らの努力のおかげで当社は2月1日の発売日に間に合うことができるでしょう」と述べています。これを簡潔に言い換えている（A）の They helped the company meet a deadline.「彼らは会社が締め切りに間に合うのに役立った」が正解です。

❶ トーク→選択肢の言い換え

meet our February 1 release date ➡ meet a deadline

225

Track 081

Questions 10 through 12 refer to the following announcement.

①The deadline for filing tax returns is fast approaching. ②If you're worried about missing the deadline, well, <u>it's not just you</u>. ③Last year, a record 23 percent of citizens who had to complete a self-assessment form were either late in submitting their returns or did not file at all. ④That new high prompted the government to run a series of TV and online ads this year reminding people of the deadline and possible punishments for late submission. Government sources say the number of early tax filings has risen from last year, ⑤but it's too early to say if the campaign has had a big effect.

問題 10-12 は次の案内に関するものです。
納税申告書の提出期限が迫っています。締め切りに間に合わないと心配している方、<u>それはあなただけではありません</u>。去年、自己申告用紙の記入を完成させなければならない市民のうち、これまでで最も多い 23 パーセントが申告書の提出に遅れたか、もしくは全く申告しませんでした。この新記録により政府は今年一連のテレビ広告やオンライン広告を打ち出し、締め切りと提出遅延に対し起こり得る処罰について国民に再認識させました。政府筋によると、早期の納税申告数は去年よりも増えていますが、このキャンペーンに大きな効果があったかどうか断言するには時期尚早とのことです。

語句
□ file 〜を提出する、申請する　□ tax return 納税申告書
□ approaching 近づいている　□ miss the deadline 締め切りに間に合わない
□ self-assessment 自己評価、申告納税
□ prompt A to B　A を B に駆り立てる　□ submission 提出

10.

What does the speaker mean when he says, "it's not just you"?

(A) Many people have similar problems.
(B) Support is available when needed.
(C) An activity must be done in pairs.
(D) Some advice is not suitable for everyone.

話し手が "it's not just you" と言う際、何を意図していますか。

(A) 多くの人が同様の問題を抱えている。
(B) 支援は必要な時に受けられる。
(C) 活動は二人一組で行われなければならない。
(D) アドバイスが全員に当てはまるわけではない。

正解 A

問題のタイプ 意図問題

解説

冒頭の❶と❷の前半で、話し手は「納税申告書の提出期限が迫っています。締め切りに間に合わないと心配している方……」と述べています。これに it's not just you「それはあなただけではありません」であり、さらに❸では「去年、自己申告用紙の記入を完成させなければならない市民のうち、これまでで最も多い 23 パーセントが申告書の提出に遅れたか、もしくは全く申告しませんでした」と続けています。これらのことから、設問にある発言の意図は「多くの人が同様の問題を抱えている」ということを聞き手に伝えたいということだと分かります。よって、正解は (A) です。他の選択肢は it's not just you という発言の前後の内容に絡まないものばかりです。

One-up

・when needed「必要な時に」は when it is needed から it is を省略した形だと考えてください。
・advice「アドバイス」は不可算名詞です。information「情報」や equipment「機材」など、頻出の不可算名詞は意識して覚えていくようにしましょう。

11.

What has the government attempted to do?

(A) Simplify the method of calculating tax

(B) Spend less money on public salaries

(C) Make a Web site more user-friendly

(D) Raise public awareness of a law

政府は何をしようと試みましたか。

(A) 税金の計算方法を簡略化する

(B) 公務員の給与に関する財源を削減する

(C) ウェブサイトをよりユーザーフレンドリーにする

(D) 法律に対する国民の意識を向上させる

正解 D

問題のタイプ 詳細を問う問題

解説

❹の中で話し手は「(納税申告書の) 締め切りと提出遅延に対し起こり得る処罰について国民に再認識させました」と述べています。これを簡潔に言い換えている (D) の Raise public awareness of a law「法律に対する国民の意識を向上させる」が正解となります。

❶トーク→選択肢の言い換え

reminding people of the deadline and possible punishments for late submission ➡ Raise public awareness of a law

12.

What does the speaker say about a campaign?

(A) It finished earlier than planned.

(B) It is well under budget.

(C) Its effects are not yet known.

(D) It targeted younger citizens.

話し手はキャンペーンについて何と言っていますか。

(A) 計画していたよりも早く終わった。

(B) 予算をかなり下回っている。

(C) その効果はまだ分からない。

(D) 若い市民を対象にした。

正解 C

問題のタイプ 詳細を問う問題

解説

話し手は❺で「このキャンペーンに大きな効果があったかどうか断言するには時期尚早とのことです」と述べています。これを抽象的に言い換えている (C) の Its effects are not yet known.「その効果はまだ分からない」が正解です。

W 🇬🇧 　　　　　　　　　　　　　　　　🎧 Track 082

Questions 13 through 15 refer to the following advertisement.

Want to live within easy access of downtown Denver but also want great views of the mountains? ❶Then picture yourself in a luxury apartment in the newly constructed Glendale Tower, located near Falwell subway station. ❷You'll have the option of one or two bedrooms, and every unit has a wide balcony to enjoy the scenery. ❸Why not come and see for yourself this Sunday at Glendale Tower's grand opening? ❹Guest of honor James Kelly, the gold medal-winning 800 meter runner, will officially cut the ribbon. ❺Visitors will have the opportunity to see inside a beautifully decorated first floor showroom to imagine a new life at Glendale. Free snacks and refreshments will be available. Our friendly agents will be waiting for you! No reservations necessary.

問題 13-15 は次の広告に関するものです。
デンバーの中心地へ簡単に行ける距離内に暮らし、かつ山々の素晴らしい眺めもお望みですか？それなら Falwell 地下鉄駅近くの立地で新たに建設された Glendale タワーの豪華な部屋での暮らしを想像してみてください。寝室は 1 室または 2 室からお選びいただけ、眺めをお楽しみいただける広いバルコニーが全戸に備わっています。この日曜日、Glendale タワーのグランドオープニングにぜひご来場いただきご自身の目で見てみてはいかがでしょうか。800m 走の金メダリストである主賓の James Kelly が公式にテープカットを行います。ご来場の皆さんには美しく家具が配置された 1 階のショールームを内覧する機会がありますので Glendale での新生活をご想像いただけます。無料の軽食やお飲み物もございます。フレンドリーなスタッフが皆さんをお待ちしています！予約は不要です。

〔語句〕
□ picture 想像する　□ luxury 豪華な、高級な　□ construct ～を建設する
□ scenery 景色　□ guest of honor 主賓　□ reservation 予約

13.

What is Glendale Tower?
(A) An historic site
(B) An office building
(C) A residential development
(D) A shopping mall

Glendale タワーとは何ですか。
(A) 史跡
(B) オフィスビル
(C) 住宅開発地
(D) ショッピングモール

正解 C

問題のタイプ 詳細を問う問題

解説

話し手は❶の中で「Falwell 地下鉄駅近くの立地で新たに建設された Glendale タワーのラグジュアリーな部屋での暮らしを想像してみてください」と述べ、さらに❷では「寝室は 1 室または 2 室からお選びいただけ、眺めをお楽しみいただける広いバルコニーが全戸に備わっています」と続けています。これらのことから、正解は（C）の A residential development「住宅開発地」です。

14.

Who is James Kelly?
(A) An artist
(B) An athlete
(C) An architect
(D) A politician

James Kelly は誰ですか。
(A) 芸術家
(B) アスリート
(C) 建築家
(D) 政治家

正解 B

問題のタイプ 詳細を問う問題

解説

❹で話し手は「800m 走の金メダリストである主賓の James Kelly が公式にテープカットを行います」と言っています。James Kelly はアスリートなので（B）が正解になります。

❶ トーク→選択肢の言い換え

the gold medal-winning 800 meter runner ➡ An athlete

15.

What can the listeners do on Sunday?

(A) View an interior
(B) Receive a discount
(C) Make a reservation
(D) Participate in a show

聞き手たちは日曜日に何ができますか。

(A) インテリアを見る
(B) 割引を受ける
(C) 予約をする
(D) ショーに参加する

正解 **A**

問題のタイプ **詳細を問う問題**

解説

まず、❸の内容から日曜日に「Glendale タワーのグランドオープニング」が行われるということが分かります。また、❺の中で話し手は「ご来場の皆さんには美しく家具が配置された１階のショールームを内覧する機会があります」と述べています。これを簡潔に言い換えている（A）の View an interior「インテリアを見る」が正解です。

❗トーク→選択肢の言い換え

have the opportunity to see inside a beautifully decorated first floor showroom ➡ View an interior

One-up

Why not...? は後ろに動詞の原形が続き、相手の依頼や申し出などに応じるときにしばしば使われ、ここでは「ぜひそうしてください」という意味で使われています。

Questions 16 through 18 refer to the following announcement.

I just want to make a quick announcement before the end of the meeting. ❶Francesca Gianni who works in the Salford branch will be coming to work with us here from the start of next month. The move is mainly for personal reasons, but it will also be a great help to us. ❷As you know, March is always a busy time for us, with inventory management and account settlements to do. Her arrival couldn't come at a better time. ❸Anyway, there'll be an informal welcome party on March 2 at the Attic Bistro. ❹I hope you can all make it.

問題 16-18 は次のお知らせに関するものです。
会議の終了前に少しお知らせがあります。Salford 支店で働いている Francesca Gianni が来月の始めから来て私たちとここで一緒に働くことになりました。この異動は主に個人的な理由によるものですが、私たちにとって大きな助けになるでしょう。ご存知の通り、3月は通常やらなければならない在庫管理や決算があり繁忙期です。彼女はこれ以上にない絶好の時期に来てくれることになります。ともかく、3月2日に Attic ビストロで非公式の歓迎会があります。皆さんが来られることを望んでいます。

語句
- □ announcement お知らせ　□ move 異動
- □ inventory management 在庫管理　□ account settlement 決算
- □ welcome party 歓迎会

16.

What is the announcement about?
(A) A work schedule
(B) An office meeting
(C) A new facility
(D) A staff transfer

何についてのお知らせですか。
(A) 仕事のスケジュール
(B) オフィスの会議
(C) 新しい施設
(D) スタッフの異動

正解 D

問題のタイプ 概要を問う問題

解説

話し手は❶で「Salford 支店で働いている Francesca Gianni が来月の始めから来て私たちとここで一緒に働くことになりました」と話しています。これを簡潔に言い換えている（D）の A staff transfer「スタッフの異動」が正解です。

One-up

ここでは transfer は「異動」という名詞で使われていますが、transfer to「〜に移動する」という自動詞として頻出です。transfer to の言い換えである、move to と relocate to もセットで押さえておいてください。

17.

According to the speaker, what happens every March?
(A) Clients submit annual requests.
(B) The amount of work increases.
(C) Office tasks are reassigned.
(D) Managers inspect the factory.

話し手によると、毎年3月に何が起きますか。
(A) クライアントが年次の要求書を提出する。
(B) 仕事量が増える。
(C) オフィス業務の割り当てが変わる。
(D) マネージャーが工場を視察する。

正解 B

問題のタイプ 詳細を問う問題

❷の中で話し手は「3月は通常やらなければならない在庫管理や決算があり繁忙期です」と述べています。これを抽象的に言い換えている (B) の The amount of work increases.「仕事量が増える」が正解となります。

18.

What are the listeners encouraged to do?
(A) Be flexible with working hours
(B) Attend an event
(C) Make some budget plans
(D) Go to the personnel department

聞き手は何をするよう勧められていますか。
(A) 業務時間に柔軟になる
(B) イベントに参加する
(C) 予算案を作成する
(D) 人事部に行く

正解 B

問題のタイプ 勧誘の内容を問う問題

まず話し手は❸の中で「3月2日にAttic ビストロで非公式の歓迎会があります」と述べ、続く❹で「皆さんが来られることを望んでいます」と続けています。これらを一言で表している (B) の Attend an event「イベントに参加する」が正解です。

W 🇺🇸 🎧 Track 084

Questions 19 through 21 refer to the following telephone message and flyer.

Hello. This is Donna Fielding from Marvelous Furnishings. ❶I received the sample design of the flyer you're printing for our March sale weekend. I'm afraid there's a mistake which needs to be corrected before you send the two thousand copies on February 15. ❷You see, all of the tables will be on sale at half price. ❸We always run this offer during our annual spring sale. I'd appreciate it if you could send me the corrected design file today, and I'll check and confirm it by 5 P.M. Thanks!

問題 19-21 は次の電話メッセージとチラシに関するものです。
もしもし。Marvelous 家具の Donna Fielding です。当店の 3 月の週末セールに向けて印刷してもらうチラシのサンプルデザインを受け取りました。2 月 15 日に 2,000 部送っていただく前に修正が必要な誤りがあります。ご存知の通り、テーブルが全点半額のセールになります。毎年恒例の春のセール期間中はいつもこの割引を実施します。修正したデザインファイルを今日私に送っていただければ助かります。午後 5 時までに確認して承認します。ありがとうございます！

Marvelous Furnishings	*Marvelous* 家具
SALE!	**セール！**
March 3-5	3月3日-5日
Doors open at 8 A.M.	午前8時開店
Sofas: Up to 25% off!	ソファ：最大25％オフ！
Tables: All 30% off!	テーブル：すべて30％オフ！

──「語句」──
□ flyer チラシ　□ correct 訂正する　□ run 実施する　□ offer 割引
□ I would appreciate it if you could ～してもらえると助かる

19.

For whom is the message most likely intended?

(A) A potential customer

(B) A printing company

(C) A Marvelous Furnishings employee

(D) A furniture supplier

このメッセージは誰を対象にしていると考えられますか。

(A) 潜在顧客

(B) 印刷会社

(C) Marvelous 家具の従業員

(D) 家具供給業者

正解 B

問題のタイプ 概要を問う問題

解説

話し手は❶で「当店の３月の週末セールに向けて印刷してもらうチラシのサンプルデザインを受け取りました」と言っています。聞き手はチラシの印刷を行う会社の人であると分かるので、正解は（B）です。

20.

Look at the graphic. What information is incorrect?

(A) March 3-5

(B) 8 A.M.

(C) 25%

(D) 30%

図を見てください。どの情報が間違っていますか。

(A) ３月３日－５日

(B) 午前８時

(C) 25%

(D) 30%

正解 D

問題のタイプ 図表問題

解説

選択肢と図表に共通する表現しかないので、図表を見ながら「どの部分に修正が必要なのか」をしっかりと聞きとって解答してください。❷で話し手は「ご存知の通り、テーブルが全点半額のセールになります」と聞き手に伝えています。図表上ではテーブルは 30% オフになっているので、ここが 50% オフに修正されなくてはいけません。よって、正解は（D）です。

21.

What does the speaker mention about the sale?
(A) It happens in two locations.
(B) It may be extended.
(C) It is becoming more popular.
(D) It takes place once a year.

話し手はセールについて何を述べていますか。
(A) それは2箇所で起こる。
(B) それは延期されるかもしれない。
(C) それはより人気が出ている。
(D) それは1年に1度行われる。

正解 D

問題のタイプ 詳細を問う問題

解説

❸で話し手は「毎年恒例の春のセール期間中はいつもこの割引を実施します」と述べています。このセールは毎年1回春に行われることが分かるため、正解は (D) になります。

One-up

「行われる」は take place や be held で表すことができます。いずれも The sale is held annually.「セールは毎年行われています」のように、主語には「開催されるイベント」が来ます。

Questions 22 through 24 refer to the following broadcast and map.

Now on KPWC Radio, it's your guide to what's going on this weekend in the Shoreham area. ❶This Saturday, the North-West stage of the national skateboarding championships will be held in Alexander Park. Temporary seating has been erected to give spectators great views of the course. It's going to be a popular place to go, so organizers are advising visitors to either arrive early by car if you want to use the Nile Street parking lot, ❷or better yet, take the subway and get off at Seventh Street Station across from the park. ❸Speaking of popular, you might want to book online as soon as you can, as the championship stages often sell out. Go to the Alexander Park Web site for more details.

問題 22-24 は次の放送と地図に関するものです。
続いて KPWC ラジオでは、Shoreham エリアで今週末に何が行われるかをご紹介します。今週土曜日、スケートボード全国選手権の北西ステージが Alexander 公園で開催されます。臨時の座席が設置され観客からのコースの眺めは抜群です。目的地として人気になるでしょうから、Nile 通りの駐車場を利用したい場合は車で早い時間に到着するか、できれば、地下鉄に乗り公園の向かいにある Seventh 通り駅で下車するよう主催者は来場者に呼びかけています。人気といえば、この選手権ステージは売り切れる場合が多いので、できるだけ早急にオンラインで予約した方がいいかもしれません。詳細は Alexander 公園ウェブサイトへアクセスしてください。

語句
☐ erect 〜を設置する、建てる ☐ spectator 観客 ☐ organizer 主催者
☐ or better yet できれば、よりいいのは ☐ speaking of 〜といえば

22.

What will take place on Saturday?
(A) A music festival
(B) A sports event
(C) A vehicle display
(D) A cultural parade

土曜日に何が開催されますか。
(A) 音楽の祭典
(B) スポーツイベント
(C) 車の展示
(D) 文化的パレード

正解 B

問題のタイプ 詳細を問う問題

解説

話し手は❶で「今週土曜日、スケートボード全国選手権の北西ステージが Alexander 公園で開催されます」と伝えています。これを抽象的に言い換えている (B) の A sports event「スポーツイベント」が正解です。

❗トーク→選択肢の言い換え

the North-West stage of the national skateboarding championships ➡ A sports event

23.

Look at the graphic. Which entrance will subway users most likely use?
(A) Entrance A
(B) Entrance B
(C) Entrance C
(D) Entrance D

図を見てください。地下鉄の利用者が利用すると考えられるのはどの入り口ですか。
(A) 入り口 A
(B) 入り口 B
(C) 入り口 C
(D) 入り口 D

正解 D

問題のタイプ 図表問題

選択肢と図表に共通するのは「入り口の記号」です。入り口の記号以外の部分、つまり「各通りの名前」が正解のヒントになると目星をつけてトークを聞くようにします。❷で話し手は「できれば、地下鉄に乗り公園の向かいにある Seventh 通り駅で下車するよう主催者は来場者に呼びかけています」と述べています。地下鉄の駅は Seventh 通り側にあるので、正解は (D) になります。

24.

What does the speaker advise?	話し手は何を勧めていますか。
(A) Purchasing tickets early	(A) 早めにチケットを購入すること
(B) Sharing a car	(B) 車を共同使用すること
(C) Printing a map	(C) 地図を印刷すること
(D) Bringing refreshments	(D) 軽食を持って来ること

正解 A

問題のタイプ 勧誘の内容を問う問題

❸の中で話し手は「できるだけ早急にオンラインで予約した方がいいかもしれません」と聞き手に勧めています。よって、正解は (A) の Purchasing tickets early「早めにチケットを購入すること」です。

❶ トーク→選択肢の言い換え

you might want to book online as soon as you can
➡ Purchasing tickets early

One-up

you might want to do は「～するといいでしょう」という、相手にアドバイスをする際によく用いられる表現です。

W 🇬🇧　🎧 Track 086

Questions 25 through 27 refer to the following excerpt from a meeting and chart.

❶In this meeting, I want to talk about what I believe is the best site for the construction of our next branch in the south-east of the state. ❷The south-east is underserved at the moment, with only two of our retail warehouses currently operating. As shown on the chart, we've considered four locations, ❸and even though this town is the only one which falls below our company's population minimum of 300,000 people, I believe it is the ideal choice. This is because the other towns have a branch of Quidko within one hour's drive. Another reason is the fantastic transport connections here. ❹I'll show some photos on the screen so that you can see the advantages of this site compared to the others.

問題 25-27 は会議の一部とグラフに関するものです。
本会議では、州南東部での次の支店の建設に最適な場所だと私が確信していることについて話したいと思います。南東部は今のところ十分なサービスを受けておらず、現在稼働している当社の小売倉庫が 2 棟あるだけです。図に示される通り、4 か所を検討しており、ここは当社の最小人口の 30 万人を下回る唯一の街ではありますが、ここが理想的な選択だと信じています。それは他の街には車で 1 時間の距離内に Quidko の支店があるからです。もう一つの理由はここの素晴らしい交通網です。この場所が他と比べて優れている点が分かるようスクリーンにて数点写真をお見せします。

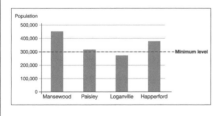
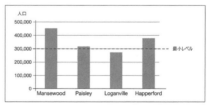

- 語句 -
□ construction 建設　□ branch 支店
□ underserved 十分なサービスを受けていない　□ currently 現在
□ operate 稼働する、営業する　□ fall below ～を下回る
□ fantastic 素晴らしい　□ compared to ～と比べて

25.

Who most likely is speaking?
(A) A real estate agent
(B) A production manager
(C) A car designer
(D) A retail executive

誰が話していると考えられますか。
（A）不動産業者
（B）生産マネージャー
（C）車両デザイナー
（D）小売店の重役

> **正解　D**

> **問題のタイプ　概要を問う問題**

> **解説**
> ❶と❷の内容から、話し手は「新しい支店を建設したいと考えていて、なおかつ現在小売倉庫を複数抱えている人物」であることが分かります。このことから話し手は（D）の A retail executive「小売店の重役」とであると推測することができます。

26.

Look at the graphic. Which area does the speaker favor?
(A) Mansewood
(B) Paisley
(C) Loganville
(D) Happerford

図を見てください。話し手はどのエリアを好んでいますか。
（A）Mansewood
（B）Paisley
（C）Loganville
（D）Happerford

> **正解　C**

> **問題のタイプ　図表問題**

> **解説**
> 選択肢と図表に共通するのは「エリア名」です。図表上のエリア名以外の部分、つまり「棒グラフが示す人口の数」が正解のヒントになると目星をつけてトークを聞くようにします。話し手は❸で「ここは当社の最小人口の 30 万人を下回る唯一の街ではありますが、ここが理想的な選択だと信じています」と述べています。30 万人を下回るエリアは Loganville だけなので、正解は（C）になります。

One-up

図表問題に棒グラフや円グラフが登場した場合は、①数字、②順位に注意して解答するようにしてください。棒グラフが月ごとの数字の推移を示している場合には、数値のアップダウンにも留意するようにします。

27.

Why will photos be displayed?
(A) To show potential problems
(B) To highlight differences between areas
(C) To illustrate a factory layout
(D) To explain a customer preference

写真はなぜ表示されるのですか。
（A） 潜在的な問題を示すため
（B） エリア間の違いを強調するため
（C） 工場の間取りを解説するため
（D） 顧客の嗜好を説明するため

正解 **B**

問題のタイプ **詳細を問う問題**

解説

話し手は❹で「この場所が他と比べて優れている点が分かるようスクリーンにて数点写真をお見せします」と言っています。これを簡潔に言い換えている (B) の To highlight differences between areas「エリア間の違いを強調するため」が正解です。

One-up

explain「〜を説明する」は explain A to B「A を B に説明する」のように使われます。この場合 A には「物事」、B には「人」が来ます。

よりぬき！テスト 解説 概要・攻略法 トレーニング 問題 解説 確認テスト 解説

M 🇨🇦 🎧 Track 087

Questions 28 through 30 refer to the following telephone message and notes.

Hello. This is Justin Kramer from Forest Hills. Thank you for attending the job interview here last week. ❶Dr. Wilson and I have considered the candidates very carefully, and I'm pleased to tell you that the job is yours. We were really impressed by the answers you gave to our questions. ❷Also, the long time you worked as a medical receptionist in Utah made you our first choice. That knowledge will be a big help when dealing with our patients' needs. ❸Initially, I will need you to scan and e-mail me your college diploma. We'll check it, then call you again to talk in detail about the contract. Speak to you soon!

問題 28-30 は次の電話メッセージとメモに関するものです。
もしもし。Forest Hills の Justin Kramer です。先週は当院での就職面接に参加いただきありがとうございます。Wilson 医師と私とで候補者を慎重に検討し、この職があなたのものとお知らせできるのを嬉しく思います。質問への返答に大変感心致しました。また、ユタ州で医療受付係として長年勤務されたご経験もあなたを第一候補とする理由になりました。その知識は当院の患者様のニーズに対応する際にも大きな手助けとなることでしょう。まず、大学の卒業証書をスキャンしてEメールでお送りいただく必要があります。私どもがそれを確認し、その後本契約についての詳細を説明するため再度お電話いたします。近々お話しましょう！

Name	Notes
Sara Lighthouse	*Great communication skills*
Andrea Goodson	*Can start immediately*
Penny Wang	*Advanced computer skills*
Prisha Gupta	*5 years' experience*

名前	メモ
Sara Lighthouse	*優れたコミュニケーション能力*
Andrea Goodson	*すぐに始められる*
Penny Wang	*コンピューター上級スキル*
Prisha Gupta	*5年間の経験*

語句
☐ job interview 就職面接　☐ consider 検討する　☐ impress 〜を感心させる
☐ knowledge 知識　☐ initially まず、初めに　☐ diploma 卒業証書

244

28.

Where does the speaker most likely work?
(A) At a medical clinic
(B) At a college
(C) At a hotel
(D) At an employment agency

話し手はどこで働いていると考えられますか。
(A) 医療クリニック
(B) 大学
(C) ホテル
(D) 人材紹介会社

正解 A

問題のタイプ 概要を問う問題

解説

話し手は❶で「Wilson 医師と私とで候補者を慎重に検討し、この職があなたのものとお知らせできるのを嬉しく思います」と聞き手に伝えています。このことから、話し手の職場は (A) の At a medical clinic「医療クリニック」であると推測することができます。また、❷の中では「ユタ州で医療受付係として長年勤務されたご経験もあなたを第一候補とする理由になりました」と述べていることも、この面接が行われている場所が医療に関係ある根拠になります。

29.

Look at the graphic. For whom is the message intended?
(A) Sara Lighthouse
(B) Andrea Goodson
(C) Penny Wang
(D) Prisha Gupta

図を見てください。このメッセージは誰に宛てられたものですか。
(A) Sara Lighthouse
(B) Andrea Goodson
(C) Penny Wang
(D) Prisha Gupta

正解 D

問題のタイプ 図表問題

❶ トーク→選択肢の言い換え

the long time you worked as a medical receptionist
　　⇒ 5 years' experience

30.

What should the listener do first?	聞き手は最初に何をすべきですか。
(A) Return the call	(A) 折り返し電話する
(B) Send proof of qualifications	(B) 資格証明書を送付する
(C) Carefully read a contract	(C) 契約を注意深く読む
(D) E-mail details of her salary	(D) 給与の詳細をEメールする

正解　B

問題のタイプ　次の行動を問う問題

❶ トーク→選択肢の言い換え

e-mail me your college diploma ⇒ Send proof of qualifications

Chapter

3

確認テスト
問題・解説

🎧 Track 088-090

1.

2.

3.

よりぬき！テスト

解　説

概要・攻略法

トレーニング

問　題

解　説

確認テスト

解　説

🎧 Track 091-106

1. Mark your answer on your answer sheet.

2. Mark your answer on your answer sheet.

3. Mark your answer on your answer sheet.

4. Mark your answer on your answer sheet.

5. Mark your answer on your answer sheet.

6. Mark your answer on your answer sheet.

7. Mark your answer on your answer sheet.

8. Mark your answer on your answer sheet.

9. Mark your answer on your answer sheet.

10. Mark your answer on your answer sheet.

11. Mark your answer on your answer sheet.

12. Mark your answer on your answer sheet.

13. Mark your answer on your answer sheet.

14. Mark your answer on your answer sheet.

15. Mark your answer on your answer sheet.

16. Mark your answer on your answer sheet.

🎧 Track 107-113

1. What department does the woman most likely work in?

(A) Business Administration
(B) University Relations
(C) Housekeeping and Maintenance
(D) Food Service

2. What does the man imply when he says, "That'll be no problem at all"?

(A) He does not mind his application being rejected.
(B) He is ready to put in extra time.
(C) He will keep applying for a program.
(D) He will help the woman after office hours.

3. What will the man most likely do next?

(A) Send out a letter of acceptance
(B) Search for an e-mail
(C) Complete an application form
(D) Train new employees

4. What are the speakers preparing for?

(A) A corporate lunch
(B) A product presentation
(C) A board meeting
(D) A trip to Prague

5. What does the woman mean when she says, "Let's hope so"?

(A) They'll be able to complete the presentation in time.
(B) New data will be available soon.
(C) A colleague should be available to help them.
(D) Some work may earn the company a client.

6. According to the woman, why did Ms. Harris call?

(A) To ask about a video game release
(B) To join an investment strategy
(C) To discuss an upcoming presentation
(D) To review a supplier's feedback

よりぬき！テスト

解説

概要・攻略法

トレーニング

問題

解説

確認テスト

解説

7. What are the speakers mainly discussing?

(A) Opening a new factory
(B) Raising productivity
(C) Upgrading a port
(D) Planning for a party

8. Why does the man say, "I can see why that'd be true"?

(A) To acknowledge a complaint is valid
(B) To express his overall dissatisfaction
(C) To ask for a better explanation
(D) To confirm if the information is correct

9. What does the woman offer to do?

(A) Study the company policy
(B) Make some purchases
(C) Speak with workers
(D) Send an attachment

10. What does the woman want to do?

(A) Buy kitchenware
(B) Create a business plan
(C) Open a shop in town
(D) Convince the man to invest

11. Why does the woman think her idea will work?

(A) There is no competition.
(B) People love cooking.
(C) There is an increase in demand.
(D) Nobody has thought of it.

12. What does the man ask the woman to do?

(A) Provide more information
(B) Talk to him about the plan
(C) Write a report for him
(D) Discuss the problems of the plan

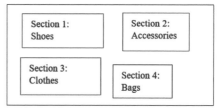

13. Look at the graphic. What needs to be corrected?

(A) The job title
(B) The type of organization
(C) The business name
(D) The office address

14. Where does the man most likely work?

(A) At a printing shop
(B) At a post office
(C) At a law firm
(D) At a bookstore

15. What kind of event will the woman attend tomorrow?

(A) A trade fair
(B) A business lunch
(C) A town council meeting
(D) A marketing conference

16. What problem does the woman mention?

(A) A place is disordered.
(B) A manager is sick.
(C) Some signs are missing.
(D) Some customers are complaining.

17. Look at the graphic. Which section will be cleaned first?

(A) Section 1
(B) Section 2
(C) Section 3
(D) Section 4

18. What will the man most likely do next?

(A) Adjust a price tag
(B) Organize some shelves
(C) Speak to a coworker
(D) Find a security guard

Falton Footwear: Best-sellers	
Item	Sales to date
Max-I Running Shoes	$283 million
Speedsters Gym Shoes	$420 million
Rustlers Basketball Shoes	$590 million
Graeton Tennis Shoes	$640 million

19. What is the conversation mainly about?

(A) Analyzing a competitor's products
(B) Finding someone for a position
(C) Designing a new line of shoes
(D) Training staff for leadership

20. Look at the graphic. Which item did Mr. Yi work on?

(A) Max-I Running Shoes
(B) Speedsters Gym Shoes
(C) Rustlers Basketball Shoes
(D) Graeton Tennis Shoes

21. What does the woman ask the man to do?

(A) Speak with one of his colleagues
(B) Interview all the applicants
(C) Contact several department leaders
(D) Join a staffing agency

🎧 Track 114-119

1. What is the topic of the workshop?

(A) Improving customer relations
(B) Hiring suitable staff
(C) Effective communication
(D) Employee safety

2. What did the speaker do last year?

(A) She changed jobs.
(B) She took a long vacation.
(C) She enrolled at a college.
(D) She hired many people.

3. What does the speaker mean when she says, "This company employs 3,000 people"?

(A) Safety guidelines need to be updated.
(B) It is difficult for workers to communicate.
(C) The company has experienced rapid growth.
(D) The company is the biggest in the area.

4. Who most likely is the speaker?

(A) A government official
(B) A college student
(C) A retail store employee
(D) A job seeker

5. What is Sam Turner famous for?

(A) Fashion design
(B) Environmental action
(C) Video production
(D) Mountain climbing

6. What does the woman mean when she says, "he will stay here after his speech"?

(A) Sam's flight has been canceled.
(B) There will be a chance to talk with Sam.
(C) Sam has decided to live in the area.
(D) Sam's speech will take less time than planned.

7. Where is the announcement being made?

(A) At a shopping mall
(B) At a fitness center
(C) At a conference hall
(D) At an Internet café

8. What are the listeners asked to do?

(A) Tell friends about a service
(B) Drink in special areas only
(C) Return passes to the front desk
(D) Store their belongings safely

9. How can people receive a free gift?

(A) By entering a competition
(B) By purchasing a newly launched item
(C) By changing the length of membership
(D) By joining a training class

Award 1   Award 2   Award 3   Award 4

10. Who is Ms. Franklin?

(A) A school teacher
(B) A business leader
(C) A graphic designer
(D) A television presenter

11. Look at the graphic. Which award will be presented?

(A) Award 1
(B) Award 2
(C) Award 3
(D) Award 4

12. What will happen next?

(A) Ms. Franklin will speak.
(B) A video presentation will be shown.
(C) The audience will answer questions.
(D) There will be a short break.

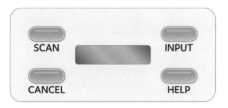

Conference Room Schedule
Tuesday, July 21

1:00 P.M.	Sales training
2:00 P.M.	Department meeting
3:00 P.M.	Rostam Design
4:00 P.M.	Uniploy Incorporated

13. Who are the listeners?

(A) New employees
(B) Warehouse managers
(C) Computer technicians
(D) Potential customers

14. What does the speaker say about the machines?

(A) They had been malfunctioning.
(B) There is one for each team.
(C) They are very easy to operate.
(D) They can be used as a communication tool.

15. Look at the graphic. What function will they focus on now?

(A) Scan
(B) Input
(C) Cancel
(D) Help

16. What is the good news?

(A) A client has confirmed a meeting.
(B) New equipment has been delivered.
(C) A timeslot has become available.
(D) A colleague can assist in a meeting.

17. Look at the graphic. When can Erina use the room?

(A) From 1:00 P.M.
(B) From 2:00 P.M.
(C) From 3:00 P.M.
(D) From 4:00 P.M.

18. What will happen on Friday?

(A) An office closure
(B) A product launch
(C) A training session
(D) A board meeting

Chapter 3　解答一覧

Part 1	正答
1	C
2	D
3	D

Part 2	正答
1	C
2	B
3	A
4	B
5	B
6	A
7	B
8	C
9	B
10	A
11	B
12	A
13	C
14	A
15	A
16	C

Part 3	正答
1	A
2	B
3	B
4	B
5	D
6	C
7	B
8	A
9	D
10	C
11	A
12	A
13	C
14	A
15	D
16	A
17	A
18	C
19	B
20	D
21	A

Part 4	正答
1	C
2	A
3	B
4	C
5	D
6	B
7	B
8	D
9	C
10	D
11	D
12	B
13	B
14	A
15	C
16	C
17	C
18	D

1. M

(A) They're designing a website.
(B) They're installing a television set.
(C) They're having a business meeting.
(D) They're seated on a bench together.

(A) 彼らはウェブサイトをデザインしている。
(B) 彼らはテレビ一式を設定している。
(C) 彼らは仕事の会議をしている。
(D) 彼らは一緒にベンチに座っている。

正解 **C**

問題のタイプ **複数の人物**

解説

屋内でスーツを着用した男女がノートパソコンやスピーカーマイクを囲んで話をしています。この状態を a business meeting「仕事の会議」で表している (C) が正解です。実際、本当に仕事の会議をしているかは分かりませんが、着用している服装や置いてあるものを見る限り、フォーマルな会話であることが推察できます。ここから、一番確からしい選択肢の「会議をしている」という間接的な表現が正解となります。

✓ 間違いの選択肢もチェックしよう！

(A) 写真の人達は、実際にパソコンを操作して何かをデザインしている動作を示していません。
(B) テレビはありますが、設定している動作を見ることはできません。
(D) 何人かの人は座っていますが、「ベンチに」「一緒に」座ってはいません。
　※この be seated は、seat が「（人）を座らせる」という意味なので、受け身では「座る」という意味になります。

➡ ここがポイント！

・状況が明確でなくても、推察から一番確からしい選択肢が正解となることもあります。
・文の一部が正解と不正解を分けることもあるので気を付けましょう。

語句
☐ install 設定する　☐ a XX set XX 一式　☐ be seated 座る

2. W

(A) Two sofas are positioned side by side.
(B) Some potted plants are on the table.
(C) Some suitcases are next to a mirror.
(D) The piano lid is slanted in the corner of the room.

(A) ソファが２つ横並びで置かれている。
(B) テーブルの上にいくつかの鉢植えがある。
(C) いくつかのスーツケースが鏡の隣にある。
(D) 部屋の隅にあるピアノの蓋が傾いている。

正解　D

問題のタイプ　風景

解説

屋内の写真で、ソファ、テーブル、鏡、ピアノ等が見えます。部屋の隅にあるピアノの蓋が開いて傾いています。その傾いている状態を slant「〜を傾ける」という動詞の受け身を使って表した（D）が正解となります。

✅ 間違いの選択肢もチェックしよう！

(A) ソファはありますが、横並びではなく向かい合っています。
(B) 鉢植えの植物はありますが、複数はなく、かつテーブルの上には置いてありません。
(C) 写真中央奥にスーツケースはありますが、鏡の隣にはありません。

➡ここがポイント！

・主語として出てきた名詞が写真のどこにあるのか押さえましょう。文後半の前置詞句（前置詞＋名詞）が位置を規定していますので、英文を聞いたらイメージとしてすぐ浮かぶようにしましょう。

語句

□ position 〜を置く　□ potted plant 鉢植えの植物　□ slant 傾く、〜を傾ける
□ in the corner of 〜の隅に

3. M

🎧 Track 090

(A) One of them is examining some documents.
(B) One of them is reaching into a container.
(C) They are fixing a flat tire.
(D) They are gazing at a screen.

(A) 彼らのうちの一人は文書を精査している。
(B) 彼らのうちの一人は容器の方に手を伸ばしている
(C) 彼らはパンクしたタイヤを修理している。
(D) 彼らはスクリーンを見ている。

正解 D

問題のタイプ 複数の人物

解説

カウンター越しに店員と客と思わしき人々がタッチスクリーンのようなものをのぞき込んでいます。それを gaze at a screen「スクリーンを見ている」と表現した (D) が正解です。もし gaze が分からない場合はここで覚えておきましょう。また、テスト本番中に gaze の意味がどうしても思い出せない場合は、他の選択肢を自信を持って「間違いだ」と判断できるようになりましょう。

✓ 間違いの選択肢もチェックしよう！

(A) 文書を精査している動作は写真からは見えません。
(B) 1人の男性は手を伸ばしていますが、容器に伸ばしているわけではありません。
(C) パンクしたタイヤを修理している写真ではありません。

➡ここがポイント！

・消去法による正解の導き方も、本番の解き方の方法として身に付けておきましょう。

┌ 語句 ┐
□ examine 〜を調べる　□ reach into 〜に手を伸ばす
□ flat tire パンクしたタイヤ　□ gaze at 〜を見る（≒ look at）
└─────────────────────────────────┘

1. M 🇦🇺 **M** 🇨🇦

🎧 Track 091

Have you seen that e-mail from Mrs. Xin?
(A) She didn't tell me.
(B) I just wrote it.
(C) My laptop isn't working properly.

Xin さんからのメールを見ましたか。
（A）彼女は私に言いませんでした。
（B）それを書いたばかりです。
（C）私のノートパソコンは正しく動いていません。

正解 C

問題のタイプ Yes/No 疑問文

解説

Yes/No 疑問文で、「Xin さんからのメールを見ましたか」と尋ねているのに対し、「ノートパソコンが正常に動かない」と、メールを受信したパソコンが作動していないので見ることができないことを示唆している（C）が正解です。「見たのか」という質問に対し、見るべき媒体が何らかの問題を起こしているため、「見ることができない」旨を伝える間接的な応答パターンです。メール、添付ファイル（the attached file）等、パソコンを介するものの質問応答として押さえておきたいパターンです。

✓ 間違いの選択肢もチェックしよう！

（A）質問は「メールを見たか」ですが、応答は「言わなかった」となっていますので不適切です。
（B）送ったメールに対して、「（私が）書いたばかり」というのは会話の文脈に合いません。

➡ ここがポイント！

・パソコンにあるデータを見た / 見ないの質問　→　「パソコンが壊れた（＝見ていない）」という返答パターンを覚えましょう。

語句
□ laptop　ノートパソコン　□ work properly　正常に作動する

2. W 🇺🇸 W 🇬🇧

I've been called to a meeting with my manager this afternoon.
(A) Call them back tomorrow.
(B) I hope it's not too long.
(C) You should know better than that.

私は今日の午後マネージャーと一緒に会議に呼ばれています。
(A) 明日彼らに折り返し電話してください。
(B) 長くならないといいですね。
(C) そんな愚かなことをすべきではありません。

正解 **B**

問題のタイプ 平叙文（伝達・報告）

解説

「今日の午後マネージャーと一緒に会議に呼ばれています」と伝えています。それに対して、「（会議が）長くならないといいですね」と長引かないことを願っている (B) が正解です。(B) の it は a meeting を指します。call someone to a meeting で「人を会議に召集する」という意味です。今回はそれが受け身の形で出現し、「会議に呼ばれている」という意味になっていることを押さえておきましょう。

✅ 間違いの選択肢もチェックしよう！

(A) 「明日彼らに折り返し電話してください」と言っていますが、彼らが誰なのか不明確なのと、そもそも「電話がかかってきた」という文脈ではないので、応答として不適切です。call の音トリックにだまされないようにしましょう。

(C) 口語表現で「そんな愚かなことをすべきではありません」と応答していますが、最初の話者は自分の能動的な行動を話しているわけではないので、会話の文脈に合いません。

➡ ここがポイント！

・call someone to a meeting の意味を正しく掴みましょう。
・音トリックに注意！（call）

語句
☐ call someone to a meeting　人を会議に召集する
☐ You should know better than that.　そんな愚かなことをすべきではない（直訳：それよりももっとよいことをあなたは知っているはずだ）

3. M 🇨🇦 W 🇬🇧

🎧 Track 093

The construction of the new office will begin next week.
(A) Have the plans finally been approved?
(B) Did you have any trouble finding our office?
(C) The residential and commercial area.

新しいオフィスの建設は来週始まります。
(A) 計画がついに承認されたのですか。
(B) 当社を見つけるのは苦労しましたか。
(C) 住宅と商業区域です。

正解 A

問題のタイプ 平叙文（伝達・報告）

解説

「新しいオフィスの建設は来週始まります」と伝えています。それに対して、「計画がついに承認されたのですか」と尋ね返している（A）が正解です。このタイプも、未来形での情報共有に対し、完了形での応答パターンとなります。TOEIC の世界では、建物を建築する場合、許可申請、許可承認という話題は、よく出てきます。そういったプロセスがあるというのは、実際の世界でも一般的なことですが、学生の方等、分からない人がいるかもしれません。このようなプロセスは TOEIC に出題されるネタの1つとして押さえておきましょう。

間違いの選択肢もチェックしよう！

(B) 当社を探すことに対する質問となっており、この場面の応答として不適切です。
(C) 「住宅と商業区域」と言っていますが、この表現が応答として何を言いたいのか分かりませんので、応答としては不適切です。建築する建物の立地を述べたいのであれば、前置詞等を補って表現する必要があります。

ここがポイント！

・未来の情報に対して、過去形もしくは現在完了で質問返しするパターンは大丈夫ですか？
・何かを建設する場合は申請→許可というプロセスがあり、TOEIC ではよく出現します。

語句
☐ approve 〜を承認する　☐ have any trouble (in) doing 〜するのに苦労する
☐ residential 住宅の　☐ commercial 商業用の

4. W 🇬🇧 M 🇨🇦

This computer program was designed specially for our business.
(A) Then when will they start?
(B) It's not easy to use, though.
(C) They can take their time.

このコンピュータープログラムは当社の事業専用に設計されました。
(A) それではいつ始まりますか。
(B) 使いづらいですけどね。
(C) 時間をかけられます。

正解 B

問題のタイプ 平叙文（伝達・報告）

解説

「このコンピュータープログラムは当社の事業専用に設計されました」と伝えています。それに対して、「使いづらいですけどね」と、やや皮肉めいて応答している (B) が正解です。既に過去に設計されたものに対する今の感想、というパターンです。(B) の though は、「当社の事業専用で設計された割には…だよね」という逆接の意味を持っています。

✓ 間違いの選択肢もチェックしよう！

(A) 「いつ始まりますか」と、設計されたものに対してまだ使い始めることができていなさそうな応答として正解に見えますが、この応答表現の主語が3人称複数であり、何を指すか不明確なため、ここでは不正解です。
(C) こちらも主語が何を指すか不明確なことと、時間をかけられることが何を意味するのか分からないため、ここでの応答として不適切です。

◯ ここがポイント！

・過去の情報に対して、現在の感想を答えるパターンです。
・代名詞が何を指すか、単数か複数かで、正解・不正解の判断となることもあります。

語句
□ specially 専門的に

5. W 🇺🇸 W 🇬🇧

🎧 Track 095

Where should we put these boxes?
(A) You need to arrive earlier.
(B) Let's ask Mr. Wood.
(C) We don't see a way through.

これらの箱をどこに置けばいいですか。
(A) もっと早くに到着する必要があります。
(B) Wood さんに聞いてみましょう。
(C) 通り抜ける道が見つかりません。

正解 B

問題のタイプ WH 疑問文（Where）

解説

WH 疑問文で、「箱をどこに置けばいいか」を尋ねています。それに対して、「Wood さんに聞いてみましょう」と、応答者が自分では分からないため他の人に尋ねようと応答している (B) が正解です。このように、自分では分からない、判断できないため、上司に聞く、第三者に尋ねてみよう、というのは間接応答の鉄板パターンの1つです。

✓ 間違いの選択肢もチェックしよう！

(A) 箱を置く場所の質問で、到着の早い / 遅いは関連のない応答になります。
(C) 通り抜けるための道が、箱を置くべき場所なのか不明確です。

➡ ここがポイント！

・WH 疑問文　→　自分で答えられない場合は、他の人に尋ねる、という鉄板パターンを押さえましょう。

266

6. M 🍁 W 🇺🇸

How did you get your job?
(A) The same way you did.
(B) I don't like it here.
(C) You need to watch carefully.

どうやって仕事を見つけましたか。
(A) あなたと同じ方法ですよ。
(B) 私はここが好きではありません。
(C) 注意して見る必要があります。

正解 **A**

問題のタイプ **WH 疑問文（How）**

解説

WH 疑問文で、「どうやって仕事を見つけたのか」を尋ねています。それに対して、「あなたと同じ方法ですよ」と、応答者が質問者と同じ方法で見つけた旨を返答している（A）が正解です。How という手段・方法を問う質問に対して、same way「同じ方法」を返しているところが「呼応するな」と反応しましょう。

✔️ 間違いの選択肢もチェックしよう！

(B) 仕事の好みを応答する質問ではありませんので不正解です。
(C) こちらも質問とは関連のないアドバイスのような応答となっています。

➡️ ここがポイント！

・How → 手段・方法を尋ねている！

7. W 🇬🇧 M 🇦🇺

We've had some profits this year, but they were low.

(A) Is it a reasonable price?

(B) What are you doing to address this?

(C) Why didn't they stay longer?

今年はいくらか利益はありましたが、低かったです。

(A) それは適正な価格ですか。

(B) これに対処するために何をしているのですか。

(C) どうして彼らは滞在を延ばさなかったのですか。

正解 B

問題のタイプ 平叙文（伝達・報告）

解説

「今年はいくらか利益はありましたが、低かったです」と述べています。それに対して、「これに対処するために何をしているのですか」と、この状況を改善するための方策を尋ねている（B）が正解です。何か問題があった場合、「じゃあどうする？」は返しの質問としてよくあるパターンです。もっとも、質問し返されたらなかなか答えづらいですよね…。

✔ 間違いの選択肢もチェックしよう！

(A) ある商品・サービスの価格が安いかどうかを尋ねる質問で、会話の文脈に合いません。

(C) 滞在期間を長くしなかった理由を尋ねていますが、この they が誰なのか分かりません。なお、最初の発言にある but they were low の they は profits を指すので、選択肢（C）の they とは異なります。

⊙ ここがポイント！

・問題発生！ → じゃあどうする？と聞き返すパターンを押さえましょう。

┌─ 語句 ─────────────────────────
│ □ profit 利益　□ reasonable 安くて適正な
│ □ address （問題など）に対処する
└────────────────────────────────

8. W 🇺🇸 M 🇨🇦

Don't you think it's time we review our business model?
- (A) It was only during the busiest season.
- (B) No, we can't see the rear-view mirror.
- (C) Yes, the original plan doesn't seem to be working.

事業モデルを再検討する時期だと思いませんか。
- (A) それは繁忙期の間だけでした。
- (B) いいえ、バックミラーが見えません。
- (C) はい、もともとの計画がうまくいっていないようです。

正解 C

問題のタイプ 否定疑問文

解説

否定疑問文の形で、「事業モデルを再検討する時期かどうか」を尋ねています。それに対して、Yes と肯定し、「もともとの計画がうまくいっていないようです」と理由を述べている (C) が正解となります。否定疑問文は Yes/No 疑問文と一緒だと説明しましたが、質問が「〜しないのか？」でも「〜するのか？」でも、返答は Yes が「〜する」No が「〜しない」という意味になります。ここは日本語とは少し違うニュアンスですが、英語の場合の肯定・否定の意味をしっかりと押さえておきましょう。

✅ 間違いの選択肢もチェックしよう！
- (A) 繁忙期について話していますが、再検討する時期かどうかについては言及がありません。
- (B) No といったん否定していますが、再検討ではなく、バックミラーが見えないという関連のない応答となっています。review と rear-view の音トリックがありましたね。ここも注意です。

➡ ここがポイント！
- 否定疑問文 → Yes/No 疑問文として対処しましょう。返答の Yes（肯定）/No（否定）の意味もしっかり掴みましょう。
- 音トリックに注意！（review ⇔ rear-view）

語句
- □ review 〜を再検討する　□ rear-view mirror バックミラー
- □ original もともとの

9. M 🇦🇺 W 🇺🇸

🎧 Track 099

Shall we do a team-building activity before we start?
(A) That's great to know, thanks.
(B) I wish we could.
(C) It was built in 1954, you know.

始める前にチームをまとめるための活動をしましょう。
（A）知ることができてよかったです、ありがとう。
（B）できればいいのですか。
（C）ほら、これは 1954 年に建てられたのですよ。

正解 **B**

問題のタイプ 提案

解説

Shall we〜? で、「始める前にチームをまとめるための（チームビルディング）活動をしましょう」と提案しています。それに対して、「できればいいのですが」とうまく行えるか難しいことをそれとなく伝えている (B) が正解です。I wish we could. は仮定法で「できたらいいんだけどなあ（でもできない）」という、少し否定的なニュアンスが伴います。ですので、断りの文句として使うことができます。

間違いの選択肢もチェックしよう！

(A) 「知ることができてよかった」と応答していますが、これは何か情報提供が寄せられた、よい議論をした際に用いる表現ですので、ここでは適切ではありません。
(C) 建設時期について答えていて、勧誘への応答としては不適切です。

ここがポイント！

・I wish we(I) could. → できない、断るという遠回しの表現として押さえておきましょう。

語句
□ team-building チームビルディング（チーム内をよくしていくための取り組み）

10. M 🇨🇦 M 🇦🇺

🎧 Track 100

Paul will publish his findings shortly.

(A) His last report was fascinating, wasn't it?

(B) How much funding does he need?

(C) I've never been to Poland.

Paul がまもなく調査結果を発表します。

(A) 彼の前回の報告は興味深かったですよね。

(B) どれくらいの資金が彼には必要ですか。

(C) ポーランドには行ったことがありません。

正解 A

問題のタイプ 平叙文（伝達・報告）

解説

「Paul がまもなく調査結果を発表します」と伝えています。それに対して、「前回の報告はとても興味深かった（ので今回も楽しみ）」と期待を寄せていることを付加疑問表現で間接的に伝えている（A）が正解です。今回も「未来の出来事→過去にあったことを質問」という形になっていますね。

✅ 間違いの選択肢もチェックしよう！

(B) 現在の必要な資金に関する質問ですが、調査結果を発表する未来の情報とは関連がありません。

(C) 応答者がポーランドに行ったことがあるかどうかはここでは関連のない応答です。

➡ ここがポイント！

・未来の情報 → 過去形での質問パターンです。

語句

☐ publish ～を発表、公開する ☐ findings 調査結果 ☐ shortly まもなく
☐ fascinating 興味深い

11. M 🇦🇺 **W** 🇺🇸 🎧 Track 101

Which report section should the
manager check?

(A) He managed to finish on time.

(B) The part on production
numbers.

(C) The remote control is on your
desk.

マネージャーは報告書のどの部分を確認
すべきですか。

(A) 彼はなんとか時間通りに終わらせま
した。

(B) 製造番号の箇所です。

(C) リモコンはあなたの机の上にありま
す。

正解　B

問題のタイプ　WH 疑問文（Which）

解説

WH 疑問文で、「マネージャーは報告書のどの部分を確認すべきか」を尋ねています。それに対して、「製造番号の箇所」と答えている（B）が正解となります。質問の section が応答では part と言い換えられていることに注目です。Which で問われて選択したものを答える場合、その「選択したもの」を指す語が質問には含まれていないことがあります。今回は、The part on XX（XX の箇所）という表現で、「これだ！」と気付くことができれば正解にたどり着きやすくなります。

✓ 間違いの選択肢もチェックしよう！

(A) すでに部長が何かを終えた話題になっていて、質問と関連がありません。manager と managed という似た語がトリックとして使われています。

(C) リモコンの所在については関連のない応答ですね。report と remote が聞き分けられなければ引っかかったかもしれませんが、大丈夫でしたか？

➡ ここがポイント！

・Which → 「どれ」を指すキーワードを見つける！　※今回は The part on XX.

・音トリックに注意！（manager ⇔ managed, report ⇔ remote）

語句

☐ on time　時間通りに　　☐ production number　製造番号
☐ remote control　リモコン

12. M 🇨🇦 M 🇦🇺

Where's the key to the stock room?

(A) Melanie is in charge of that.
(B) We need to order more products.
(C) Please attach the map to the e-mail.

倉庫の鍵はどこですか。

(A) Melanie が担当者です。
(B) 商品をもっと注文する必要があります。
(C) E メールに地図を添付してください。

正解 A

問題のタイプ WH 疑問文（Where）

解説

WH 疑問文で、「倉庫の鍵はどこですか」と尋ねています。それに対して、「Melanie が担当者です」と、担当者に尋ねれば分かることを間接的に答えている（A）が正解となります。これまで何回か出てきましたが、具体的な情報を求められた場合、応答者が知らないため、知っている人や手段を促す応答のパターンになります。

✓ 間違いの選択肢もチェックしよう！

(B) 注文の必要性を話していますが、鍵の所在とは関連がありません。
(C) 地図をメールに添付するという指示になっており、こちらも鍵の所在について答えていません。

➡ ここがポイント！

・具体的な情報を求める → 知っている人か手段を誘導！（もう慣れました？）

語句
□ stock room 倉庫　□ attach 〜を添付する

13. W 🇬🇧 M 🇦🇺

All employees' passwords need to be changed.
(A) You must not tell anyone.
(B) The new computers are arriving tomorrow.
(C) I guess there was a security issue.

全従業員のパスワードを変更する必要があります。
（A）誰にも言ってはいけません。
（B）新しいコンピューターは明日到着します。
（C）セキュリティーの問題があったのだと思います。

正解　C

問題のタイプ　平叙文（伝達・報告）

解説

「全従業員のパスワードを変更する必要があります」と伝えています。それに対して、「セキュリティーの問題があったのだと思います」と、パスワードを変更する理由を推測として話している（C）が正解です。ある事象に対して、過去このようなことがあったからそうなっているんだよ、と過去にさかのぼる応答パターンとなります。今回は I guess と推測表現を使っているので、事実とは限りませんね。

✔ 間違いの選択肢もチェックしよう！

（A）全従業員のルールに関して「誰にも言ってはいけない」というのは矛盾しますので、不正解です。何を話してはいけないのかも不明確ですね。
（B）パスワード変更と新しいパソコンの関連が分からないため、応答として不適切です。

➡ ここがポイント！

・ある情報に対し、過去の経緯・理由を話す応答パターンもあることを押さえておきましょう。

語句
□ security issue　セキュリティー上の問題

14. M 🇦🇺 M 🇨🇦

Why is there so much trash in the cafeteria?

(A) Our cleaning crew has been away.
(B) Athletics track and field.
(C) They have burgers and fries.

カフェテリアにごみがたくさんあるのはなぜですか。

(A) 清掃員がしばらく来ていません。
(B) 陸上競技です。
(C) バーガーとフライドポテトがあります。

正解　A

問題のタイプ　WH 疑問文（Why）

解説

WH 疑問文で、「カフェテリアにごみがたくさんあるのはなぜですか」と尋ねています。それに対して、「清掃員がしばらく来ていない（だからごみがたまったんだ）」とごみがたくさんある理由を述べている（A）が正解です。be away で「この場にいない」という意味となり、現在完了形の時制を使用していますので、しばらく不在にしているということが分かります。trash（ごみ）→ cleaning crew（清掃員）というワードをつかむことができれば、「関連しているな」と文脈で察しがつくかもしれません。

✅ 間違いの選択肢もチェックしよう！

(B) 陸上競技は質問と関連のない応答内容です。trash と track の音トリックに引っかからないようにしましょう。
(C) カフェテリアということで、食べ物のメニューの話をしているかもしれませんが、ごみがたくさんある理由としては不適切です。

⭕ ここがポイント！

・文脈の理解：trash → cleaning crew と関連語で正解を絞り込みましょう。
・音トリックに注意！（trash ⇔ track）

語句

☐ Athletics track and field　陸上競技　☐ burger　ハンバーガー

🎧 Track 105

How long will it take until we arrive?

(A) We only just left.

(B) It's approximately five cases, I think.

(C) Actually, I wasn't expecting anyone today.

到着するまでにどれくらい時間がかかりますか。

(A) 私たちはまだ出発したばかりです。

(B) おおよそ５件くらいだと思います。

(C) 実は今日誰とも会うと思っていなかったんです。

正解　A

問題のタイプ　WH 疑問文（How long）

解説

WH 疑問文で、「到着するまでどれくらい時間がかかるか」を尋ねています。それに対して、「まだ出発したばかり（だから到着するまで相当かかる）」と、そんなに早く着くわけではないことを間接的に答えている（A）が正解です。今回の選択肢（A）は、「ん？これが正解か？」と思う方もいらっしゃると思います。そんな場合は、（B）と（C）は明らかに違うな、（A）が候補として残るかな、という消去法も使ってもよいでしょう。

間違いの選択肢もチェックしよう！

（B）期間に対する質問に、件数で答えているので、ここでの応答として不適切です。

（C）誰に会うかという期待に関する返答のため、ここでの応答として不適切です。

ここがポイント！

・迷ったら消去法で解きましょう！

語句

□ approximately おおよそ、約　□ case 事例、症例

16. W 🇺🇸 M 🇦🇺 🎧 Track 106

The road will only be blocked for
two days.
(A) I'll put you through to the
manager.
(B) That's the wrong direction.
(C) That's not what I heard.

この道路は2日間だけ通行止めになりま
す。
(A) マネージャーにおつなぎさせてくだ
さい。
(B) それは方向が間違っています。
(C) それは私が聞いていたのとは違います。

正解 C

問題のタイプ 平叙文（伝達・報告）

解説

「道路が2日間だけ通行止めになります」と伝えているのに対し、「私が聞いていた
のとは違います」と返答しています。つまり、その情報は聞いていない＝初耳だっ
たことを間接的に応答している（C）が正解です。この表現は否定文でなくなると
That's what I heard.（聞いてるよ）という意味になります。英会話において気軽に
使える表現ですね。ある情報に対して、「聞いている」「聞いていない」は即答でき
る正解パターンとなりますので押さえておきましょう。※逆に WH 疑問文でこの選
択肢が来たら、ほぼ100%不正解となります。

✅ 間違いの選択肢もチェックしよう！

(A) マネージャーにつなぐ理由がここでは分からず、応答として不適切です。
(B) 方向の話はしていないので、ここでの応答として不適切です。

➡ここがポイント！

・ある情報に対して「聞いてる」「聞いていない」は鉄板応答パターン！

語句
□ block ～を防ぐ、封鎖する
□ put someone through to 人を～に電話でつなぐ
□ wrong direction 間違った方向

W 🇺🇸 M 🇦🇺 🎧 Track 107

Questions 1 through 3 refer to the following conversation.

W Rick, I've got some good news: ❶you've been accepted into our manager trainee program.

M That's great! You know, I applied three years ago but was turned down.

W Well, you're in this time. ❷The course starts next Monday, and will be held from 7:00 P.M. to 9:00 P.M.… uh… for about six months.

M That'll be no problem at all. ❸I don't mind staying after business hours. Thank you for letting me know in advance.

W My pleasure. ❹Anyway, you'd better check your e-mail for the official acceptance notice.

問題 1-3 は次の会話に関するものです。
W Rick、良い知らせがあります。当社のマネージャー見習いプログラムにあなたが受け入れられました。
M それは素晴らしい！ほら、3 年前に申し込みましたが、却下されました。
W でも、今回は受け入れられました。このコースは来週の月曜日に開始して、午後 7 時から午後 9 時まで開催され、ええと、約 6 か月間です。
M 全く問題ありません。就業時間を過ぎて残ることは気になりません。事前に知らせてくださりありがとうございます。
W どういたしまして。とにかく、公式な承諾通知の E メールを確認した方がいいですね。

（語句）
□ trainee 見習い、研修生　□ apply 申し込む　□ turn down ～を却下する
□ business hours 就業時間　□ in advance 事前に、前もって
□ acceptance notice 承諾通知

1.

What department does the woman most likely work in?
(A) Business Administration
(B) University Relations
(C) Housekeeping and Maintenance
(D) Food Services

女性はどの部署で働いていると考えられますか。
(A) 経営管理
(B) 大学広報
(C) 家事およびメンテナンス
(D) 食品サービス

正解 A

問題のタイプ 概要を問う問題

解説

女性は❶で「当社のマネージャー見習いプログラムにあなたが受け入れられました」と述べています。選択肢の中でマネージャーを採用する立場にあるのは、(A) の Business Administration「経営管理」です。(B) ～ (D) に関しては、その後の会話にも一切関連する内容が出てきません。

2.

What does the man imply when he says, "That'll be no problem at all"?
(A) He does not mind his application being rejected.
(B) He is ready to put in extra time.
(C) He will keep applying for a program.
(D) He will help the woman after office hours.

男性が "That'll be no problem at all" と言う際、何を示唆していますか。
(A) 彼は申し込みが却下されることを気にしない。
(B) 彼はさらに多くの時間を費やす心構えがある。
(C) 彼はプログラムに応募し続ける。
(D) 彼は就業時間後に女性を手伝う。

正解 B

問題のタイプ 意図問題

男性が That'll be no problem at all と発言する直前に、女性は❷の中で「このプログラムは約 6 か月間です」と伝えています。また、❸で男性は「就業時間を過ぎて残ることは気になりません」とも言っています。これらのことから、男性はプログラムの期間が長く、帰りが遅くなるのも厭わないと考えていることが分かります。よって、正解は（B）です。

3.

What will the man most likely do next?
(A) Send out a letter of acceptance
(B) Search for an e-mail
(C) Complete an application form
(D) Train new employees

男性は次に何をすると考えられますか。
(A) 受諾の手紙を送る
(B) Ｅメールを検索する
(C) 申し込み用紙の記入を終わらせる
(D) 新しい従業員を訓練する

正解 **B**

問題のタイプ 次の行動を問う問題

解説

女性は❹の中で男性に対して「公式な承諾通知の E メールを確認した方がいいです」と述べています。よって、正解は（B）の Search for an e-mail「E メールを検索する」になります。

❗会話→選択肢の言い換え

check your e-mail ➡ Search for an e-mail

One-up

「～を探す」は、search for、look for、そして seek の 3 つが頻出です。セットで覚えておくようにしてください。

M 🇦🇺 W 🇬🇧   🎧 Track 108

Questions 4 through 6 refer to the following conversation.

M ❶Ms. Joon, what do you think of my presentation set for the Bakersfield Pipe Corporation next Tuesday?

W I think it's good. In my review, I noted that you had added some data about some of our newest products.

M ❷I'm sure they'll agree to become our clients when they see that information.

W Let's hope so. ❸By the way, CTO Harris may be participating that day.

M Ms. Harris? I thought she had to remain in Prague, since she's getting ready for the board meeting there.

W That's right. ❹She called to let me know she'll be joining us through videoconference instead of being here in person.

問題 4-6 は次の会話に関するものです。
M Joon さん、来週火曜日の Bakersfield Pipe 社向けの私のプレゼンテーション一式についてどう思いますか。
W いいと思います。私の認識だと、当社の最新製品のいくつかについてデータを追加していたことに気が付きました。
M その情報を見れば彼らは当社のクライアントになることに同意してくれると確信しています。
W そう願いましょう。ところで最高技術責任者の Harris もその日参加するかもしれません。
M Harris さんがですか。プラハに留まる必要があるのかと思っていました、そこでの取締役会の準備ができていますから。
W その通りです。本人がここに来る代わりにビデオ会議を通じて参加すると私に電話で知らせてくれました。

┌─ 語句 ┐
□ note ～に気が付く   □ get ready for ～を用意する、準備する
□ board meeting 取締役会
└─────────────────────────────┘

281

4.

What are the speakers preparing for?

(A) A corporate lunch
(B) A product presentation
(C) A board meeting
(D) A trip to Prague

話し手たちは何に向けて準備しています か。

(A) 会社の昼食会
(B) 製品プレゼンテーション
(C) 取締役会
(D) プラハへの旅行

正解　**B**

問題のタイプ　**詳細を問う問題**

解説

❶の中で男性は「Bakersfield Pipe 社向けの私のプレゼンテーション一式について どう思いますか」と女性に尋ねています。話題は「男性の行う予定のプレゼンテー ションの中身」なので、正解は (B) です。

5.

What does the woman mean when she says, "Let's hope so"?

(A) They'll be able to complete the presentation in time.
(B) New data will be available soon.
(C) A colleague should be available to help them.
(D) Some work may earn the company a client.

女性が "Let's hope so" と言う際、何を意 図していますか。

(A) 彼らはプレゼンテーションを間に合 うように完成させることができる。
(B) 新しいデータがすぐ利用可能になる。
(C) 同僚は手が空いていて彼らを手伝え るはずである。
(D) ある作業によって会社が顧客を獲得 できるかもしれない。

正解　**D**

問題のタイプ　**意図問題**

解説

女性が Let's hope so と発言する直前に、男性は❷で「(男性のプレゼンテーショ
ンにある) その情報を見れば彼ら (Bakersfield Pipe 社の人たち) は当社の顧客に
なることに同意してくれると確信しています」と述べています。プレゼンを見た
Bakersfield Pipe 社がクライアントになってくれることを願いましょう、という意
図を持った発言なので、正解は (D) になります。

One-up

earn「(お金を) 得る」という動詞は、earn A B で「A が B を得られるようにする」
という使い方をすることができます。

6.

According to the woman, why did
Ms. Harris call?
(A) To ask about a video game
release
(B) To join an investment strategy
(C) To discuss an upcoming
presentation
(D) To review a supplier's feedback

女性によると、Harris さんはなぜ電話し
ましたか。
(A) テレビゲームの発売について尋ねる
ため
(B) 投資戦略に参加するため
(C) 今度のプレゼンテーションについて
話し合うため
(D) 供給業社の評価を確認するため

正解 C

問題のタイプ 詳細を問う問題

解説

設問の内容から、女性の発言にヒントがあるはずだということが分かります。❸で
女性は「最高技術責任者の Harris もその日 (=プレゼンテーションの日) 参加する
かもしれません」と述べ、さらに❹で「本人 (Harris) がここに来る代わりにビデ
オ会議を通じて参加すると私に電話で知らせてくれました」と述べています。
Harris はビデオ会議でプレゼンテーションに参加することを伝えるために電話して
きたことが分かるので、正解は (C) です。

Questions 7 through 9 refer to the following conversation.

W ❶After speaking with some workers on our assembly line, I think I have a few ideas as to how we can raise productivity there.

M Is that so?

W Yes, I spoke with fifteen men and women, and all say the same thing: ❷they're dissatisfied with the current set of tools and could do a lot better with more modern options.

M <u>I can see why that'd be true</u>. Are there some specific items that they had in mind?

W Yes, I made a list. ❸Could I attach it to an e-mail to you?

M ❹Absolutely. We can then buy our staff whatever they need.

問題 7-9 は次の会話に関するものです。

W 当社の組み立てラインの従業員数名と話してみて、そこでの生産性を上げる方法に関し 2、3 のアイデアがあります。

M そうなのですか。

W はい、15 名の男女と話しましたが、全員が同じことを言っています。現在の道具一式に満足しておらず、より最新式のものを使えれば作業がかなり向上すると。

M <u>それが事実であろう理由が理解できます</u>。彼らが思い描いている具体的な道具はありますか。

W はい、リストを作成しました。あなた宛てで E メールに添付していいですか。

M もちろんです。その後でスタッフが必要なものを何でも購入できますね。

(語句)

☐ as to 〜に関して　☐ raise 〜を上げる　☐ productivity 生産性
☐ dissatisfied 満足していない、不満な　☐ current 現在の
☐ specific 具体的な

7.

What are the speakers mainly discussing?

(A) Opening a new factory
(B) Raising productivity
(C) Upgrading a port
(D) Planning for a party

話し手たちは主に何について話し合っていますか。

（A）新たな工場の開業
（B）生産性の向上
（C）港の改修
（D）パーティーの計画

正解 B

問題のタイプ 概要を問う問題

解説

❶の中で女性は「そこ（組み立てラインでの）での生産性を上げる方法に関し2、3のアイデアがあります」と述べています。よって、正解は（B）のRaising productivity「生産性の向上」です。

One-up

設問にある mainly「主に」は、あまり気にする必要はありません。また、設問には most likely や probably などの「多分、おそらく」がしばしば使われますが、その場合は「会話やトークの内容から推測して解答する必要がある」可能性があると考えてください。

8.

Why does the man say, "I can see why that'd be true"?

(A) To acknowledge that a complaint is valid
(B) To express his overall dissatisfaction
(C) To ask for a better explanation
(D) To confirm if the information is correct

男性はなぜ"I can see why that'd be true"と言っていますか。

（A）苦情がもっともであることに同意するため
（B）全体的な不満を表現するため
（C）より分かりやすい説明を求めるため
（D）情報が正確かどうか確かめるため

正解 A

問題のタイプ 意図問題

男性が I can see why that'd be true と発言する直前に、女性は❷で「(従業員たち
は)現在の道具一式に満足しておらず、より最新式のものを使えれば作業がかなり
向上する」と言っています。これに対する男性の発言なので、男性はこの件に関し
て同意したうえでの発言であることがうかがえます。よって、正解は(A)です。

9.

What does the woman offer to do?	女性は何をすると申し出ていますか。
(A) Study the company policy	(A) 会社の方針を検討する
(B) Make some purchases	(B) 購入を行う
(C) Speak with workers	(C) 従業員と話す
(D) Send an attachment	(D) 添付資料を送付する

正解 **D**

問題のタイプ **申し出の内容を問う問題**

解説

設問の内容から、女性の発言にヒントがあるはずだということが分かります。女性
は❸で「あなた宛てでEメールに(具体的な道具のリストを)添付していいですか」
と話し、これに対して男性は❹で「もちろんです」と応答しています。よって、正
解は(D)の Send an attachment「添付資料を送付する」になります。

❗会話→選択肢の言い換え

attach it to an e-mail to you ➡ Send an attachment

One-up

動詞 attach「〜を添付する」は attach A to B で「AをBに添付する」という意
味になります。名詞の attachment「添付資料」も押さえておいてください。

W ▇ M ▇ 🎧 Track 110

Questions 10 through 12 refer to the following conversation.

W Thanks for talking with me about my business plan, Patrick.

M No problem. So, tell me about your idea.

W ❶Well, I'd like to start a store that sells kitchenware.

M Interesting. ❷Why do you think it will succeed?

W ❸There aren't any kitchenware shops in our town. Whenever you need something for the kitchen, you have to go out of town to buy it. I think there is demand.

M I see. It's certainly an interesting idea. ❹Can you send me your business plan so I can think about it some more?

問題 10-12 は次の会話に関するものです。

W 事業計画について私と話してくれてありがとう、Patrick。

M 問題ありません。では、あなたの考えについて話してください。

W ええと、キッチン用品を販売する店を始めたいと考えています。

M 興味深いですね。なぜそれが成功すると思いますか。

W 私の街にはキッチン用品の店がありません。台所に何か必要な際はいつでもそれを買いに街を出なければなりません。私は需要があると思います。

M 分かりました。それは確かに面白いアイデアです。それについて考えを進められるようあなたの事業計画を私に送ってくれますか。

語句
- ☐ kitchenware キッチン用品 ☐ succeed うまくいく
- ☐ whenever ～するときはいつも ☐ demand 需要 ☐ certainly 確かに

よりぬき！テスト

解説

概要・攻略法

トレーニング

問題

解説

確認テスト

解説

287

10

What does the woman want to do?

(A) Buy kitchenware
(B) Create a business plan
(C) Open a shop in town
(D) Convince the man to invest

女性は何をしたいと望んでいますか。

(A) キッチン用品を買う
(B) 事業計画を作成する
(C) 街に店を開業する
(D) 投資するよう男性を説得する

正解 C

問題のタイプ 詳細を問う問題

解説

設問の内容から、女性の発言にヒントがあるはずだということが分かります。❶の中で女性は「キッチン用品を販売する店を始めたいと考えています」と述べているので、正解は（C）の Open a shop in town「街に店を開業する」です。

One-up

設問の内容から「男性と女性のどちらが正解に繋がるヒントを言うのか」を予想するクセは身に付きましたか？　What does the woman want to do? という設問に対するヒントは女性の発言の中にあるはずだと予想することができます。

11.

Why does the woman think her idea will work?

(A) There is no competition.
(B) People love cooking.
(C) There is an increase in demand.
(D) Nobody has thought of it.

女性はなぜ自身の考えがうまくいくと考えていますか。

(A) 競合他社がいない。
(B) みな料理をするのを好む。
(C) 需要が伸びている。
(D) 誰もそれについて考えつかなかった。

正解 A

問題のタイプ 詳細を問う問題

解説

設問の内容から、女性の発言にヒントがあるはずだということが分かります。男性が❷で「なぜそれ（キッチン用品を売る店を開くこと）が成功すると思いますか」という質問に対して、女性は❸で「私の街にはキッチン用品の店がありません」と答えています。よって、正解は（A）の There is no competition「競合他社がいない」です。

12.

What does the man ask the woman to do?

(A) Provide more information
(B) Talk to him about the plan
(C) Write a report for him
(D) Discuss the problems of the plan

男性は女性に何をするよう依頼していますか。

(A) 詳しい情報を提供する
(B) その計画について男性と話す
(C) 彼のために報告書を書く
(D) その計画の問題について話し合う

正解 A

問題のタイプ 依頼の内容を問う問題

解説

設問の内容から、男性の発言にヒントがあるはずだということが分かります。男性は❹で「それ（キッチン用品を売る店を開くこと）について考えを進められるようあなたの事業計画を私に送ってくれますか」と女性にお願いをしています。これを抽象的に言い換えている（A）の Provide more information「詳しい情報を提供する」が正解となります。

One-up

What does the man ask the woman to do? という設問に対するヒントは男性の発言の中にあるはずだと予想することができます。

M 🍁 W 🇬🇧   🎧 Track 111

Questions 13 through 15 refer to the following conversation and business card.

M Hello, Robert speaking. How can I help you?

W Hi, this is Helen Fischer. My new business cards were delivered to me yesterday, but there's a problem with them. ❶You've got a name spelled wrong. ❷It should be spelled J-O-H-N-S-O-N.

M I'm really sorry about that. ❸We'll print new cards for you free of charge tomorrow morning.

W Okay, thank you. ❹I'll pick them up myself because I've got a marketing conference in your neighborhood tomorrow and want to have the new cards with me.

問題 13-15 は次の会話と名刺に関するものです。

M もしもし、Robert です。ご用件をお伺いいたします。

W もしもし、Helen Fischer です。私の新しい名刺が昨日手元に配送されたのですが、それに問題があります。名前の綴りが間違っています。J-O-H-N-S-O-N と綴られるはずなのです。

M それは誠に申し訳ございません。明日の朝、無料で新しい名刺を印刷いたします。

W 分かりました、ありがとうございます。明日お店の近所でマーケティング会議があり、新しい名刺を持っていたいので、取りに伺います

Helen Fischer *Marketing Specialist* **FJ** **Fischer & Johnston** *Privately-held Company* **36** Miller Lane, Denver, CO	**Helen Fischer** マーケティング専門家 **FJ** **Fischer & Johnston** 株式非公開企業 **36** Miller Lane, Denver, CO

語句
- □ business cards 名刺　□ deliver 配送する　□ free of charge 無料で
- □ neighborhood 近所

よりぬき！テスト

13.

Look at the graphic. What needs to be corrected?
(A) The job title
(B) The type of organization
(C) The business name
(D) The office address

図を見てください。何を修正する必要がありますか。
(A) 仕事の肩書
(B) 組織の種類
(C) 会社名
(D) 事務所の住所

正解 C

問題のタイプ 図表問題

解説

選択肢と図表に共通する表現はありませんが、選択肢の内容と対応するものが名刺上にあります。女性は①と②で「名前の綴りが間違っています。J-O-H-N-S-O-Nと綴られるはずなのです」と男性に伝えています。名刺を見るとJohnsonは会社名の一部なので、正解は（C）になります。

14.

Where does the man most likely work?
(A) At a printing shop
(B) At a post office
(C) At a law firm
(D) At a bookstore

男性はどこで働いていると考えられますか。
(A) 印刷店
(B) 郵便局
(C) 法律事務所
(D) 書店

正解 A

問題のタイプ 概要を問う問題

解説

③で男性は「明日の朝、無料で新しい名刺を印刷いたします」と述べています。「名刺の印刷をする仕事」を男性はしていることが分かるため、正解は（A）のAt a printing shop「印刷店」になります。

15.

What kind of event will the woman attend tomorrow?
(A) A trade fair
(B) A business lunch
(C) A town council meeting
(D) A marketing conference

女性は明日どのようなイベントに出席しますか。
(A) 展示会
(B) ビジネスランチ
(C) 町議会会議
(D) マーケティング会議

正解 **D**

問題のタイプ **次の行動を問う問題**

解説

女性は❹の中で「明日お店の近所でマーケティング会議があり、新しい名刺を持っていたい」と男性に伝えています。このことから、女性はマーケティング会議に自身が参加することがうかがえるので、正解は (D) です。

W 🇺🇸 M 🇨🇦 　　　　　　　　　　　　　　🎧 Track 112

Questions 16 through 18 refer to the following conversation and store layout.

W ❶Jake, the store could use a little tidying up. ❷There are clothes everywhere and the fitting room area is a big mess.

M Yes, there were a lot of shoppers this weekend and… uh… you know… uh… the schools start next week, so parents are buying all sorts of things for their children.

W I can't leave the cash desk for long, but we need to clean up. ❸The shoes section looks especially bad, with boxes all over the floor.

M You're right. I see that Kendra is back from her break. ❹I'll ask her to take my place, and then I'll personally clean up that area first.

問題 16-18 は次の会話と店舗見取図に関するものです。

W Jake、店を少し整理する必要がありそうですね。衣服があちこちにあって試着室エリアはかなり乱雑です。

M はい、今週末は買い物客が多く来て、ああ…ほら、学校が来週から始まるので、それで親御さんたちが子供たちのためにあらゆるものを買っています。

W レジを長く離れられないのですが、片付ける必要があります。靴売り場が特にひどいようで、箱が床中に散らばっています。

M そうですね。Kendra が休憩から戻っているようです。彼女に私の代わりをしてもらうよう頼んで、それからまずそのエリアを私が片付けます。

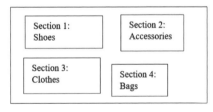

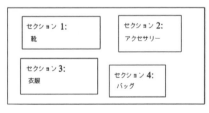

--- 語句 ---
- ☐ tidy up 整理する、片付ける　☐ mess 乱雑、散らかっていること
- ☐ shopper 買い物客　☐ all sorts of あらゆる種類の　☐ cash desk レジ
- ☐ take someone's place ～の代わりをする　☐ personally 個人的に

16.

What problem does the woman mention?

(A) A place is disordered.
(B) A manager is sick.
(C) Some signs are missing.
(D) Some customers are complaining.

女性はどのような問題について述べていますか。

(A) ある場所が乱雑である。
(B) マネージャーが体調を崩している。
(C) 標識が見当たらない。
(D) 顧客が苦情を言っている。

正解 A

問題のタイプ 概要を問う問題

解説

設問の内容から、女性の発言にヒントがあるはずだということが分かります。❶と❷の中で女性は「店を少し整理する必要がありそうですね。衣服があちこちにあって試着室エリアはかなり乱雑です」と述べています。これを簡潔に言い換えている (A) の A place is disordered. 「ある場所が乱雑である」が正解です。

One-up

「整頓されている」は organized を使って表しますが、対義語として disordered 「乱雑だ」や disorganized 「整理されていない」もセットで押さえておいてください。

17.

Look at the graphic. Which section will be cleaned first?

(A) Section 1
(B) Section 2
(C) Section 3
(D) Section 4

図を見てください。どのセクションが最初に片付けられますか。

(A) セクション 1
(B) セクション 2
(C) セクション 3
(D) セクション 4

正解 A

問題のタイプ 図表問題

解説

選択肢と図表に共通するのは「セクション」です。図表上のセクション以外の部分、つまり「各セクションにある商品」が正解のヒントになると目星をつけて会話を聞くようにします。❸で女性は「靴売り場が特にひどいようで、箱が床中に散らばっています」と言い、男性もこれに同意し、その場所をこれから片付けようという流れになります。よって、正解は（A）です。

18.

What will the man most likely do next?
(A) Adjust a price tag
(B) Organize some shelves
(C) Speak to a coworker
(D) Find a security guard

男性は次に何をすると考えられますか。
(A) 値札を調節する
(B) 棚を整理する
(C) 同僚と話す
(D) 警備員を見つける

正解 C

問題のタイプ 次の行動を問う問題

解説

男性は❹で「彼女（Kendra）に私の代わりをしてもらうよう頼む」と述べています。これを簡潔に言い換えている（C）の Speak to a coworker「同僚と話す」が正解です。

One-up

頻出表現である coworker「同僚」は colleague に言い換えることができます。

295

Questions 19 through 21 refer to the following conversation and item list.

W ❶Okay, next up for discussion is choosing a new manager for the research and development group.

M ❷Wouldn't Kevin Yi be best? ❸He led the entire design and roll-out of our most successful line of shoes.

W He does seem capable. Nevertheless, we should also consider others who might be suitable for the role.

M It's not clear that anyone else in his department would be up to it.

W I'd still like to get more applicants, from both inside and outside the company. ❹Talk with Tony Paulson in HR and have him call our staffing agency about it.

問題 19-21 は次の会話と品物リストに関するものです。
W では、次の話し合いは研究開発グループの新しいマネージャーの選出です。
M Kevin Yi が最適ではないですか。彼は当社の最も成功している靴のシリーズのデザインと発表を全体的に指揮してくれました。
W 彼にはその資質がありそうですね。それでもやはり、この役割に適切な人物を他にも考慮すべきです。
M 彼の部署の他の誰がその役割を遂行できるか定かではないですね。
W でもやはり社内それに社外の両方からもっと候補者を得たいところです。人事部の Tony Paulson と話してそれについて人材派遣会社に電話してもらうようにしてください。

Falton Footwear: Best-sellers	
Item	**Sales to date**
Max-I Running Shoes	$283 million
Speedsters Gym Shoes	$420 million
Rustlers Basketball Shoes	$590 million
Graeton Tennis Shoes	$640 million

Falton Footwear: ベストセラー	
品物	**現在までの売上**
Max-I ランニングシューズ	2億8300万ドル
Speedsters運動靴	4億2000万ドル
Rustlersバスケットボールシューズ	5億9000万ドル
Graetonテニスシューズ	6億4000万ドル

語句
□ up for （議論・話題に）上がって　□ research and development　研究開発
□ entire 全体の　□ roll-out （新製品などの）発表、公開
□ successful 成功した　□ capable ～の能力がある

よりぬき！テスト

解説

概要・攻略法

トレーニング

問題

解説

確認テスト

解説

☐ nevertheless それでもやはり、それにもかかわらず　☐ consider 考慮する
☐ department 部署、部門　☐ up to ～を遂行することができる
☐ applicant 候補者　☐ staffing agency 人材派遣会社

19.

What is the conversation mainly about?
(A) Analyzing a competitor's products
(B) Finding someone for a position
(C) Designing a new line of shoes
(D) Training staff for leadership

会話は主に何に関するものですか。
(A) 競合他社の製品を分析する
(B) 役職の適任者を見つける
(C) 新しいシリーズの靴をデザインする
(D) 指導力を目的にスタッフを訓練する

正解 B

問題のタイプ 概要を問う問題

解説

❶の中で女性は「次の話し合いは研究開発グループの新しいマネージャーの選出です」と述べています。これに対して男性は❷で「Kevin Yi が最適ではないですか」と適任であると思われる人物を推薦しています。これらのやり取りから、正解は(B) の Finding someone for a position「役職の適任者を見つける」になります。

One-up

ここでは finding は「見つけること」という意味で使われていますが、「分かったこと」や「到達した結論」という名詞（通例 findings のように複数形になります）としてもしばしば使われます。

20.

Look at the graphic. Which item did Mr. Yi work on?
(A) Max-I Running Shoes
(B) Speedsters Gym Shoes
(C) Rustlers Basketball Shoes
(D) Graeton Tennis Shoes

図を見てください。Yi 氏はどの品物に携わっていましたか。
(A) Max-Ⅰ ランニングシューズ
(B) Speedsters 運動靴
(C) Rustlers バスケットボールシューズ
(D) Graeton テニスシューズ

問題のタイプ　図表問題

解説

> 選択肢と図表に共通するのは「品物」です。図表上の品物以外の部分、つまり「現在までの売り上げ」が正解のヒントになると目星をつけて会話を聞くようにします。❸で男性は「彼（Kevin Yi）は当社の最も成功している靴のシリーズのデザインと発表を全体的に指揮してくれました」と発言しています。最も成功しているシリーズは6億4000万ドルの Graeton テニスシューズなので、正解は（D）です。

21.

What does the woman ask the man to do?

(A) Speak with one of his colleagues
(B) Interview all the applicants
(C) Contact several department leaders
(D) Join a staffing agency

女性は男性に何をするよう依頼していますか。

(A) 同僚の一人と話す
(B) 応募者全員と面談する
(C) 複数の部署のリーダーに連絡する
(D) 人材派遣会社に加入する

正解　**A**

問題のタイプ　依頼の内容を問う問題

解説

> 設問の内容から、女性の発言にヒントがあるはずだということが分かります。女性は❹で「人事部の Tony Paulson と話してそれについて人材派遣会社に電話してもらうようにしてください」と男性に対して依頼しているため、これを簡潔に言い換えている（A）の Speak with one of his colleagues「同僚の一人と話す」が正解となります。

❶会話→選択肢の言い換え

Talk with Tony Paulson in HR
➡ Speak with one of his colleagues

w 🇺🇸

Questions 1 through 3 refer to the following talk.

Thank you all for attending today's workshop. ❶During this session, I want to teach you how to communicate with your team and with other departments more effectively. By doing so, you will not only improve our company's profitability, but also your own job satisfaction. ❷When I left my previous employer last year and began working here, I noticed how a company's size affects its efficiency. ❸Smaller firms often have smoother communication. This company employs 3,000 people. ❹We therefore need to work hard on our communication skills, as information can often get lost between various departments.

問題 1-3 は次の講義に関するものです。
今日の勉強会に参加してくださり皆さんありがとうございます。今回の講座では、チームや他の部署とより効果的にコミュニケーションを図る方法を皆さんにお伝えしたいと思います。そうすることで、当社の収益性だけでなく、皆さん自身の仕事への満足度を向上させることができます。私が去年、前の雇用主を離れhere働き始めたとき、会社の規模がいかに会社の効率性に影響するか気付きました。会社が小さいほどコミュニケーションがスムーズになる場合が多いのです。当社は 3,000 人を雇用しています。よって、情報は異なる部署間で失われがちなので、私たちはコミュニケーション能力に関して懸命に取り組む必要があるのです。

語句
☐ workshop 勉強会、ワークショップ　☐ profitability 収益性
☐ satisfaction 満足（度）　☐ previous 前の　☐ efficiency 効率（性）
☐ therefore よって　☐ various 多様な、別々の

1.

What is the topic of the workshop?
(A) Improving customer relations
(B) Hiring suitable staff
(C) Effective communication
(D) Employee safety

この勉強会の主題は何ですか。
（A） 顧客との関係の向上
（B） 適切なスタッフの採用
（C） 効果的なコミュニケーション
（D） 従業員の安全

正解　**C**

問題のタイプ　**概要を問う問題**

解説

話し手は❶で「今回の講座では、チームや他の部署とより効果的にコミュニケーションを図る方法を皆さんにお伝えしたいと思います」と述べています。これを簡潔に言い換えている（C）の Effective communication「効果的なコミュニケーション」が正解です。

2.

What did the speaker do last year?
(A) She changed jobs.
(B) She took a long vacation.
(C) She enrolled at a college.
(D) She hired many people.

話し手は去年何をしましたか。
（A） 彼女は職を変えた。
（B） 彼女は長期休暇を取った。
（C） 彼女は大学に入学した。
（D） 彼女は多くの人を採用した。

正解　**A**

問題のタイプ　**詳細を問う問題**

解説

❷の中で話し手は「私が去年、前の雇用主を離れここで働き始めたとき」と言っているので、正解は（A）の She changed jobs.「彼女は職を変えた」になります。

3.

What does the speaker mean when she says, "<u>This company employs 3,000 people</u>"?
(A) Safety guidelines need to be updated.
(B) It is difficult for workers to communicate.
(C) The company has experienced rapid growth.
(D) The company is the biggest in the area.

話し手が "<u>This company employs 3,000 people</u>" と言う際、何を意図していますか。
(A) 安全指針を更新する必要がある。
(B) 労働者がコミュニケーションを図るのは難しい。
(C) 会社は急成長を経験してきた。
(D) 会社はその地域で最も大きい。

正解 B

問題のタイプ 意図問題

解説

話し手は❸で「会社が小さいほどコミュニケーションがスムーズになる場合が多いのです」と述べています。そして This company employs 3,000 people「当社は3,000人を雇用しています」と続け、さらに❹では「よって、情報は異なる部署間で失われがちなので、私たちはコミュニケーション能力に関して懸命に取り組む必要があるのです」と言っています。これらのことから、設問にある発言の意図は「この会社は大きいのでコミュニケーションをスムーズに取るのは難しい」ということを踏まえていると推測することができます。よって、正解は (B) です。

One-up

・need to do は「〜する必要がある」という意味です。need to be ＋過去分詞では「〜される必要がある」という意味になります。
・接続詞の as は「〜なので」という意味でよく使われます。理由を表す接続詞として、because や since とセットで覚えておいてください。

Questions 4 through 6 refer to the following talk.

It is my pleasure to introduce our new brand ambassador, Sam Turner. ❶He will be promoting our exciting range of outdoor equipment to be sold in our stores this spring. Sam's focus will of course be on climbing gear. ❷His inspiring journeys to the top of the world's highest mountains have made him famous in many countries. Not only will Sam be promoting the range, he will also be adding his input to the equipment's design and material. ❸Sam told me he wants to hear your questions and experiences of working in our stores, so <u>he will stay here after his speech</u>. Now, please welcome Sam Turner.

問題 4-6 は次の講演に関するものです。
当社の新しいブランド大使である Sam Turner を紹介できることを光栄に思います。彼は当社のアウトドア用品の心躍るようなシリーズがこの春私たちの店の店頭にて売り出されるのを販売促進してくれます。Sam の焦点はもちろん登山用具です。世界の最も高い山々の頂へ登る彼の感動的な旅により、彼は多くの国々で有名になりました。Sam はこのシリーズを販売促進するだけでなく、この用具のデザインや素材にアイデアも加えてくれています。皆さんの質問や当店で働く経験について聞きたいと Sam は私に話してくれましたので、<u>講演の後ここに残ってくださいます</u>。では、Sam Turner をお迎えください。

語句
- □ ambassador 大使 □ range of ～のラインナップ □ equipment 用品
- □ inspiring 奮起させる、感動的な □ promote 促進する

4.

Who most likely is the speaker?	話し手は誰だと考えられますか。
(A) A government official	(A) 政府関係者
(B) A college student	(B) 大学生
(C) A retail store employee	(C) 小売店従業員
(D) A job seeker	(D) 求職者

正解 **C**

問題のタイプ **概要を問う問題**

解説

話し手は❶の中で in our stores「私たちの店の店頭にて」と述べています。このことから、正解は (C) の A retail store employee「小売店従業員」です。

5.

What is Sam Turner famous for?	Sam Turner は何で有名ですか。
(A) Fashion design	(A) ファッションデザイン
(B) Environmental action	(B) 環境活動
(C) Video production	(C) 動画制作
(D) Mountain climbing	(D) 登山

正解 **D**

問題のタイプ **詳細を問う問題**

解説

❷で話し手は「世界の最も高い山々の頂へ登る彼 (Sam) の感動的な旅により彼は多くの国々で有名になりました」と言っています。よって、正解は (D) の Mountain climbing「登山」になります。

よりぬき！テスト

解説

概要・攻略法

トレーニング

問題

解説

確認テスト

解説

303

6.

What does the woman mean when she says, "he will stay here after his speech"?

(A) Sam's flight has been canceled.
(B) There will be a chance to talk with Sam.
(C) Sam has decided to live in the area.
(D) Sam's speech will take less time than planned.

女性が "he will stay here after his speech" と言う際、何を意図していますか。

(A) Sam の飛行機がキャンセルされた。
(B) Sam と話す機会がある。
(C) Sam はその地域で暮らすと決めた。
(D) Sam の講演は予定より時間がかからないだろう。

正解 B

問題のタイプ 意図問題

解説

話し手は❸で「皆さんの質問や当店で働く経験について聞きたいと Sam は私に話してくれました」と述べ、続けて so he will stay here after his speech「それで講演の後ここに残ってくださいます」と話しています。このことから、設問にある発言の意図は「聞き手の皆さんは Sam と話す機会がありますよ」ということを伝えたいのだと推測することができます。よって、正解は (B) です。

W 🇬🇧

Questions 7 through 9 refer to the following announcement.

❶Attention all members. ❷Dell Central Gym would like to remind you to leave your wallets, phones, and other valuables in the changing room lockers. Nothing except towels and drinks should be brought into the exercise areas. Thank you for your cooperation. We would also like to bring to your attention our current membership offer. ❸People who change from a one-month to six-month payment period will receive a set of three sports towels. This offer ends on March 31. Please inquire at reception for further details. Enjoy your time at Dell Central today.

問題 7-9 は次のお知らせに関するものです。
会員の皆さんにお知らせです。Dell Central ジムでは皆さんに財布、電話、またその他の貴重品を更衣室ロッカーに保管するようお伝えしています。タオルとドリンク以外、何もエクササイズエリアに持ち込まないようお願いします。ご協力ありがとうございます。また、実施中の会員特典についてもお知らせします。1 か月払いから 6 か月払いへ変更する方はスポーツタオル 3 点セットがもらえます。この特典は 3 月 31 日に終了します。詳細は受付係にお問い合わせください。では今日も Dell Central でお楽しみください。

語句
☐ valuables 貴重品　☐ changing room 更衣室　☐ cooperation 協力
☐ payment 支払い　☐ inquire 問い合わせる、尋ねる

7.

Where is the announcement being made?

(A) At a shopping mall
(B) At a fitness center
(C) At a conference hall
(D) At an Internet café

このお知らせはどこで案内されていますか。

(A) ショッピングモール
(B) フィットネスセンター
(C) 会議ホール
(D) インターネットカフェ

正解 **B**

問題のタイプ **概要を問う問題**

解説

話し手は❶で「会員の皆さんにお知らせです」と述べ、続く❷では「Dell Central ジムでは皆さんに財布、電話、またその他の貴重品を更衣室ロッカーに保管するようお伝えしています」と聞き手に伝えています。これらのことから、このお知らせは「ジムの会員に向けてのもの」だということが分かります。よって、正解は (B) です。

❶トーク→選択肢の言い換え

Dell Central Gym ➡ fitness center

8.

What are the listeners asked to do?

(A) Tell friends about a service
(B) Drink in special areas only
(C) Return passes to the front desk
(D) Store their belongings safely

聞き手は何をするよう求められていますか。

(A) 友人にサービスについて伝える
(B) 特定の場所だけで飲み物を飲む
(C) フロントデスクにパスを返却する
(D) 自身の所持品を安全に保管する

正解 **D**

問題のタイプ **依頼の内容を問う問題**

解説

❷の中で話し手は「皆さんに財布、電話、またその他の貴重品を更衣室ロッカーに保管するようお伝えしています」と聞き手に伝えています。これを簡潔に言い換えている (D) の Store their belongings safely「自身の所持品を安全に保管する」が正解となります。

One-up

store は「店」という名詞で非常によく使われますが、「〜を保管する」という意味の動詞でもしばしば使われます。同義語の house「〜を保管する」と一緒に押さえておいてください。

9.

How can people receive a free gift?
(A) By entering a competition
(B) By purchasing a newly launched item
(C) By changing the length of membership
(D) By joining a training class

どのようにして無料のギフトを受け取れますか。
(A) 競技に参加することで
(B) 新発売の商品を購入することで
(C) 会員期間の長さを変更することで
(D) トレーニングクラスに参加することで

正解 **C**

問題のタイプ **詳細を問う問題**

解説

話し手は❸で「1 か月払いから 6 か月払いへ変更する方はスポーツタオル 3 点セットがもらえます」と述べています。これを簡潔に言い換えている (C) の By changing the length of membership「会員期間の長さを変更することで」が正解です。

One-up

by doing は「〜することによって」ですが、後ろに動詞の ing 形が続く代表的なものとして、以下の 5 つもセットで押さえておいてください。
    when doing「〜するときに」
    while doing「〜している間に」
    before doing「〜する前に」
    after doing「〜した後で」
    since doing「〜して以来」

Questions 10 through 12 refer to the following speech and awards.

Ladies and gentlemen, it is my pleasure to introduce the recipient of this year's Veritas Group award for education. ❶Elizabeth Franklin has entertained and explained science to generations of children through her Channel 11 show, *Lizzie's Laboratory*. With her fun experiments and easy-to-understand presentations, kids around the globe have been inspired to pursue a science career. ❷Ms. Franklin will receive this beautiful crystal award in the shape of a 'V' to honor her achievements. Before she comes on stage to accept her award, ❸let's first remind ourselves of her talents with some clips from the show.

問題 10-12 は次のスピーチと賞に関するものです。
皆さん、Veritas グループの今年の教育賞の受賞者を紹介でき光栄です。Elizabeth Franklin は 11 チャンネルの番組、Lizzie's Laboratory を通して子供たちを楽しませ科学を紹介してきました。彼女の楽しい実験や分かりやすいプレゼンテーションで、世界中の子供たちが科学の道に進もうと刺激を受けてきました。彼女の功績を称え、Franklin さんには V の形をした美しいクリスタルの賞が与えられます。彼女が賞の受賞でステージに上がる前に、まずは番組の場面を見ながら彼女の才能を振り返ってみましょう。

Award 1   Award 2   Award 3   Award 4

賞1   賞2   賞3   賞4

[語句]
□ award 賞　□ recipient 受賞者　□ experiment 実験
□ easy-to-understand 分かりやすい　□ inspire 刺激を与える、鼓舞する
□ pursue a career （〜の）道に進む、キャリアを積む　□ honor 称える
□ achievement 功績

よりぬき！テスト
解説
概要・攻略法
トレーニング
問題
解説
確認テスト
解説

10.

Who is Ms. Franklin?
(A) A school teacher
(B) A business leader
(C) A graphic designer
(D) A television presenter

Franklin さんは誰ですか。
(A) 学校の先生
(B) 実業界のリーダー
(C) グラフィックデザイナー
(D) テレビ番組の司会者

正解 **D**

問題のタイプ **詳細を問う問題**

解説

話し手は❶では「Elizabeth Franklin は 11 チャンネルの番組、Lizzie's Laboratory を通して子供たちを楽しませ科学を紹介してきました」と述べています。このことから、Franklin は普段からテレビ番組に出演している人物であることがうかがえます。よって、正解は (D) です。

11.

Look at the graphic. Which award will be presented?
(A) Award 1
(B) Award 2
(C) Award 3
(D) Award 4

図を見てください。どの賞が与えられますか。
(A) 賞 1
(B) 賞 2
(C) 賞 3
(D) 賞 4

正解 **D**

問題のタイプ **図表問題**

解説

選択肢と図表に共通するのは「賞の番号」です。図表上の賞の番号以外の部分、つまり「トロフィーの形」の部分が正解のヒントになると目星をつけてトークを聞くようにします。❷で話し手は「彼女の功績を称え、Franklin さんには V の形をした美しいクリスタルの賞が与えられます」と言っています。よって、正解は (D) になります。

12.

What will happen next?
(A) Ms. Franklin will speak.
(B) A video presentation will be
shown.
(C) The audience will answer
questions.
(D) There will be a short break.

次に何が起きますか。
(A) Franklin さんが話す。
(B) 動画のプレゼンテーションが表示さ
れる。
(C) 聴衆が質問に答える。
(D) 短い休憩がある。

正解 **B**

問題のタイプ **次の行動を問う問題**

解説

❸で話し手は「まずは番組の場面を見ながら彼女の才能を振り返ってみましょう」
と述べています。過去の番組を見ながらの振り返りをやるので、正解は（B）の A
video presentation will be shown.「動画のプレゼンテーションが表示される」で
す。

310

W 🇺🇸

🎧 Track 118

よりぬき！テスト
解説
概要・攻略法
トレーニング
問題
解説
確認テスト
解説

Questions 13 through 15 refer to the following instructions and controls.

Thanks everyone for taking the time from your busy schedules to be here. ❶I want to explain how to use the new item scanner for inputting warehouse inventory information. After this meeting, I'd like each of you to train your own team members in its functions. ❷As you know, there were some issues with these scanners when we first got them – they often disconnected from the warehouse Wi-Fi. I've been assured that this has now been resolved. ❸OK, each of you has a machine, so let's begin by looking at the button at the bottom left. It'll be crucial for maintaining accurate records.

問題 13-15 は次の指示とコントロールに関するものです。
皆さん、忙しいスケジュールの合間に時間を取ってここに集まってくださりありがとうございます。倉庫の在庫情報を入力するためのこの新しい商品スキャナーの使い方を説明したいと思います。この集まりの後で、皆さんにはこの機能についてチームメンバーの皆さんにも講習していただきたいです。ご存知の通り、最初にスキャナーを入手した際、これにはいくつか問題があり、倉庫の Wi-Fi との接続が頻繁に途切れていました。これは今では解決されたと確認できています。では、各自一機器ずつお持ちですから、左下のボタンの確認から始めましょう。これは正確な記録を維持するために不可欠です。

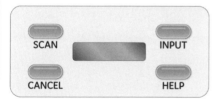

┌─ 語句 ─────────────────────────────
│ ☐ input 入力する　☐ inventory 在庫　☐ issue 問題、課題
│ ☐ disconnect 接続を断つ、切る　☐ assure ～を保証する、確信させる
│ ☐ resolve ～を解決する　☐ crucial 不可欠な　☐ maintain ～を保つ、維持する
│ ☐ accurate 正確な
└──────────────────────────────────

13.

Who are the listeners?	聞き手は誰ですか。
(A) New employees	(A) 新入社員
(B) Warehouse managers	(B) 倉庫のマネージャー
(C) Computer technicians	(C) コンピューター技術者
(D) Potential customers	(D) 潜在顧客

正解　B

問題のタイプ　概要を問う問題

解説

話し手は❶で「倉庫の在庫情報を入力するためのこの新しい商品スキャナーの使い方を説明したいと思います」と聞き手に伝えています。聞き手は「倉庫で商品をスキャンする仕事をする」ことが分かるため、正解は (B) です。

14.

What does the speaker say about the machines?	話し手はこの機器について何と話していますか。
(A) They had been malfunctioning.	(A) 機能不良があった。
(B) There is one for each team.	(B) 各チームにひとつある。
(C) They are very easy to operate.	(C) 操作がとても簡単である。
(D) They can be used as a communication tool.	(D) コミュニケーションツールとして利用できる。

正解　A

問題のタイプ　詳細を問う問題

解説

❷の中で話し手は「最初にスキャナーを入手した際、これにはいくつか問題があり、倉庫の Wi-Fi との接続が頻繁に途切れていました」と話しています。機器に問題があることを端的に表している (A) が正解となります。

❶ トーク→選択肢の言い換え

there were some issues with these scanners
➡ They had been malfunctioning.

One-up

issue は「問題」という名詞と「〜を発行する」という動詞の両方で頻出です。

15.

Look at the graphic. What function will they focus on now?
(A) Scan
(B) Input
(C) Cancel
(D) Help

図を見てください。これからどの機能に注目しますか。
(A) スキャン
(B) 入力
(C) キャンセル
(D) ヘルプ

正解 C

問題のタイプ 図表問題

解説

選択肢と図表に共通する表現しかないので、図表を見ながら「どの機能が注目されるのか」をしっかりと聞きとって解答してください。話し手は❸で「左下のボタンの確認から始めましょう」と伝えています。よって、今から注目する機能は図表の左下にある（C）です。

M 🎧 Track 119

Questions 16 through 18 refer to the following telephone message and schedule.

Hey Erina. I've got some good news for you. ❶You'll be able to do a practice run of your presentation in the conference room after all. ❷Mark informed me that his meeting with Rostam Design tomorrow afternoon has been canceled. Assuming the department meeting finishes on time, you'll have an hour to practice delivering your speech on the stage and using the projector for your slides. ❸I know Friday's meeting will be your first time making a speech to the board of directors, so I hope this hour's practice gives you more confidence. I'll come see you tomorrow morning to confirm the room schedule.

問題 16-18 は次の電話メッセージとスケジュールに関するものです。
もしもし、Erina。あなたに良い知らせがあります。結果的に会議室であなたのプレゼンテーションの予行練習ができることになりそうです。Mark が知らせてくれたのですが明日の午後の Rostam デザインとの会議がキャンセルになりました。部門会議が時間通りに終わると仮定すれば、ステージ上でスピーチしスライドを写すプロジェクターを使う練習に 1 時間使えます。あなたにとって取締役会の前でスピーチをするのは金曜日の会議が初めてですよね、それでこの時間の練習でより自信をつけることができればと願っています。明日の朝、会議室のスケジュールを確認するため会いに行きます。

Conference Room Schedule	
Tuesday, July 21	
1:00 P.M.	Sales training
2:00 P.M.	Department meeting
3:00 P.M.	Rostam Design
4:00 P.M.	Uniploy Incorporated

会議室スケジュール	
7月21日火曜日	
午後1時	販売研修
午後2時	部門会議
午後3時	Rostam デザイン
午後4時	Uniploy 社

語句

☐ practice run 予行練習　☐ conference room 会議室　☐ assume 仮定する
☐ deliver a speech スピーチを行う　☐ confidence 自信

16.

What is the good news?
(A) A client has confirmed a meeting.
(B) New equipment has been delivered.
(C) A timeslot has become available.
(D) A colleague can assist in a meeting.

良い知らせは何ですか。
(A) クライアントが会議を確認した。
(B) 新しい設備が配送された。
(C) ある時間帯が利用可能になった。
(D) 同僚が会議で補助してくれる。

正解 C

問題のタイプ 詳細を問う問題

解説

冒頭で話し手は「良い知らせがある」と伝えた後、❶の中で「会議室であなたのプレゼンテーションの予行練習ができることになりそうです」と述べています。続けて❷の中で「明日の午後の Rostam デザインとの会議がキャンセルになりました」と、❶の状況になった理由を説明しています。これらのことから、正解は (C) です。

17.

Look at the graphic. When can Erina use the room?
(A) From 1:00 P.M.
(B) From 2:00 P.M.
(C) From 3:00 P.M.
(D) From 4:00 P.M.

図を見てください。Erina はいつその部屋を使えますか。
(A) 午後 1 時から
(B) 午後 2 時から
(C) 午後 3 時から
(D) 午後 4 時から

正解 C

問題のタイプ 図表問題

選択肢と図表に共通するのは「時刻」です。図表上の時刻以外の部分、つまり「会議室で行われる内容」の部分が正解のヒントになると目星をつけてトークを聞くようにします。話し手は②で「明日の午後のRostamデザインとの会議がキャンセルになりました」と言っているため、Erinaが会議室を使えるのは（C）の午後3時からになります。

18.

What will happen on Friday?
(A) An office closure
(B) A product launch
(C) A training session
(D) A board meeting

金曜日に何が起きますか。
（A）オフィスの閉鎖
（B）商品の発売
（C）講習会
（D）取締役会議

正解　D

問題のタイプ　詳細を問う問題

話し手は③で「あなたにとって取締役会の前でスピーチをするのは金曜日の会議が初めてですよね」と発言しています。このことから分かるのは、金曜日に（D）のA board meeting「取締役会議」が行われるということです。

マークシート

Chapter 1, 3

Part 1

(学習日：　　月　　日)

No.	ANSWER	No.	ANSWER	No.	ANSWER
1	Ⓐ Ⓑ Ⓒ Ⓓ	2	Ⓐ Ⓑ Ⓒ Ⓓ	3	Ⓐ Ⓑ Ⓒ Ⓓ

Part 2

(学習日：　　月　　日)

No.	ANSWER	No.	ANSWER	No.	ANSWER
1	Ⓐ Ⓑ Ⓒ	7	Ⓐ Ⓑ Ⓒ	13	Ⓐ Ⓑ Ⓒ
2	Ⓐ Ⓑ Ⓒ	8	Ⓐ Ⓑ Ⓒ	14	Ⓐ Ⓑ Ⓒ
3	Ⓐ Ⓑ Ⓒ	9	Ⓐ Ⓑ Ⓒ	15	Ⓐ Ⓑ Ⓒ
4	Ⓐ Ⓑ Ⓒ	10	Ⓐ Ⓑ Ⓒ	16	Ⓐ Ⓑ Ⓒ
5	Ⓐ Ⓑ Ⓒ	11	Ⓐ Ⓑ Ⓒ		
6	Ⓐ Ⓑ Ⓒ	12	Ⓐ Ⓑ Ⓒ		

Part 3

(学習日：　　月　　日)

No.	ANSWER	No.	ANSWER	No.	ANSWER
1	Ⓐ Ⓑ Ⓒ Ⓓ	8	Ⓐ Ⓑ Ⓒ Ⓓ	15	Ⓐ Ⓑ Ⓒ Ⓓ
2	Ⓐ Ⓑ Ⓒ Ⓓ	9	Ⓐ Ⓑ Ⓒ Ⓓ	16	Ⓐ Ⓑ Ⓒ Ⓓ
3	Ⓐ Ⓑ Ⓒ Ⓓ	10	Ⓐ Ⓑ Ⓒ Ⓓ	17	Ⓐ Ⓑ Ⓒ Ⓓ
4	Ⓐ Ⓑ Ⓒ Ⓓ	11	Ⓐ Ⓑ Ⓒ Ⓓ	18	Ⓐ Ⓑ Ⓒ Ⓓ
5	Ⓐ Ⓑ Ⓒ Ⓓ	12	Ⓐ Ⓑ Ⓒ Ⓓ	19	Ⓐ Ⓑ Ⓒ Ⓓ
6	Ⓐ Ⓑ Ⓒ Ⓓ	13	Ⓐ Ⓑ Ⓒ Ⓓ	20	Ⓐ Ⓑ Ⓒ Ⓓ
7	Ⓐ Ⓑ Ⓒ Ⓓ	14	Ⓐ Ⓑ Ⓒ Ⓓ	21	Ⓐ Ⓑ Ⓒ Ⓓ

Part 4

(学習日：　　月　　日)

No.	ANSWER	No.	ANSWER	No.	ANSWER
1	Ⓐ Ⓑ Ⓒ Ⓓ	7	Ⓐ Ⓑ Ⓒ Ⓓ	13	Ⓐ Ⓑ Ⓒ Ⓓ
2	Ⓐ Ⓑ Ⓒ Ⓓ	8	Ⓐ Ⓑ Ⓒ Ⓓ	14	Ⓐ Ⓑ Ⓒ Ⓓ
3	Ⓐ Ⓑ Ⓒ Ⓓ	9	Ⓐ Ⓑ Ⓒ Ⓓ	15	Ⓐ Ⓑ Ⓒ Ⓓ
4	Ⓐ Ⓑ Ⓒ Ⓓ	10	Ⓐ Ⓑ Ⓒ Ⓓ	16	Ⓐ Ⓑ Ⓒ Ⓓ
5	Ⓐ Ⓑ Ⓒ Ⓓ	11	Ⓐ Ⓑ Ⓒ Ⓓ	17	Ⓐ Ⓑ Ⓒ Ⓓ
6	Ⓐ Ⓑ Ⓒ Ⓓ	12	Ⓐ Ⓑ Ⓒ Ⓓ	18	Ⓐ Ⓑ Ⓒ Ⓓ

キリトリ✂

Chapter 2

Part 1 (学習日：　　月　　日)

No.	ANSWER	No.	ANSWER	No.	ANSWER
1	Ⓐ Ⓑ Ⓒ Ⓓ	3	Ⓐ Ⓑ Ⓒ Ⓓ	5	Ⓐ Ⓑ Ⓒ Ⓓ
2	Ⓐ Ⓑ Ⓒ Ⓓ	4	Ⓐ Ⓑ Ⓒ Ⓓ	6	Ⓐ Ⓑ Ⓒ Ⓓ

Part 2 (学習日：　　月　　日)

No.	ANSWER	No.	ANSWER	No.	ANSWER
1	Ⓐ Ⓑ Ⓒ	9	Ⓐ Ⓑ Ⓒ	17	Ⓐ Ⓑ Ⓒ
2	Ⓐ Ⓑ Ⓒ	10	Ⓐ Ⓑ Ⓒ	18	Ⓐ Ⓑ Ⓒ
3	Ⓐ Ⓑ Ⓒ	11	Ⓐ Ⓑ Ⓒ	19	Ⓐ Ⓑ Ⓒ
4	Ⓐ Ⓑ Ⓒ	12	Ⓐ Ⓑ Ⓒ	20	Ⓐ Ⓑ Ⓒ
5	Ⓐ Ⓑ Ⓒ	13	Ⓐ Ⓑ Ⓒ	21	Ⓐ Ⓑ Ⓒ
6	Ⓐ Ⓑ Ⓒ	14	Ⓐ Ⓑ Ⓒ	22	Ⓐ Ⓑ Ⓒ
7	Ⓐ Ⓑ Ⓒ	15	Ⓐ Ⓑ Ⓒ	23	Ⓐ Ⓑ Ⓒ
8	Ⓐ Ⓑ Ⓒ	16	Ⓐ Ⓑ Ⓒ	24	Ⓐ Ⓑ Ⓒ

Part 3 (学習日：　　月　　日)

No.	ANSWER	No.	ANSWER	No.	ANSWER
1	Ⓐ Ⓑ Ⓒ Ⓓ	15	Ⓐ Ⓑ Ⓒ Ⓓ	29	Ⓐ Ⓑ Ⓒ Ⓓ
2	Ⓐ Ⓑ Ⓒ Ⓓ	16	Ⓐ Ⓑ Ⓒ Ⓓ	30	Ⓐ Ⓑ Ⓒ Ⓓ
3	Ⓐ Ⓑ Ⓒ Ⓓ	17	Ⓐ Ⓑ Ⓒ Ⓓ	31	Ⓐ Ⓑ Ⓒ Ⓓ
4	Ⓐ Ⓑ Ⓒ Ⓓ	18	Ⓐ Ⓑ Ⓒ Ⓓ	32	Ⓐ Ⓑ Ⓒ Ⓓ
5	Ⓐ Ⓑ Ⓒ Ⓓ	19	Ⓐ Ⓑ Ⓒ Ⓓ	33	Ⓐ Ⓑ Ⓒ Ⓓ
6	Ⓐ Ⓑ Ⓒ Ⓓ	20	Ⓐ Ⓑ Ⓒ Ⓓ	34	Ⓐ Ⓑ Ⓒ Ⓓ
7	Ⓐ Ⓑ Ⓒ Ⓓ	21	Ⓐ Ⓑ Ⓒ Ⓓ	35	Ⓐ Ⓑ Ⓒ Ⓓ
8	Ⓐ Ⓑ Ⓒ Ⓓ	22	Ⓐ Ⓑ Ⓒ Ⓓ	36	Ⓐ Ⓑ Ⓒ Ⓓ
9	Ⓐ Ⓑ Ⓒ Ⓓ	23	Ⓐ Ⓑ Ⓒ Ⓓ	37	Ⓐ Ⓑ Ⓒ Ⓓ
10	Ⓐ Ⓑ Ⓒ Ⓓ	24	Ⓐ Ⓑ Ⓒ Ⓓ	38	Ⓐ Ⓑ Ⓒ Ⓓ
11	Ⓐ Ⓑ Ⓒ Ⓓ	25	Ⓐ Ⓑ Ⓒ Ⓓ	39	Ⓐ Ⓑ Ⓒ Ⓓ
12	Ⓐ Ⓑ Ⓒ Ⓓ	26	Ⓐ Ⓑ Ⓒ Ⓓ	40	Ⓐ Ⓑ Ⓒ Ⓓ
13	Ⓐ Ⓑ Ⓒ Ⓓ	27	Ⓐ Ⓑ Ⓒ Ⓓ	41	Ⓐ Ⓑ Ⓒ Ⓓ
14	Ⓐ Ⓑ Ⓒ Ⓓ	28	Ⓐ Ⓑ Ⓒ Ⓓ	42	Ⓐ Ⓑ Ⓒ Ⓓ

Part 4 (学習日：　　月　　日)

No.	ANSWER	No.	ANSWER	No.	ANSWER
1	Ⓐ Ⓑ Ⓒ Ⓓ	11	Ⓐ Ⓑ Ⓒ Ⓓ	21	Ⓐ Ⓑ Ⓒ Ⓓ
2	Ⓐ Ⓑ Ⓒ Ⓓ	12	Ⓐ Ⓑ Ⓒ Ⓓ	22	Ⓐ Ⓑ Ⓒ Ⓓ
3	Ⓐ Ⓑ Ⓒ Ⓓ	13	Ⓐ Ⓑ Ⓒ Ⓓ	23	Ⓐ Ⓑ Ⓒ Ⓓ
4	Ⓐ Ⓑ Ⓒ Ⓓ	14	Ⓐ Ⓑ Ⓒ Ⓓ	24	Ⓐ Ⓑ Ⓒ Ⓓ
5	Ⓐ Ⓑ Ⓒ Ⓓ	15	Ⓐ Ⓑ Ⓒ Ⓓ	25	Ⓐ Ⓑ Ⓒ Ⓓ
6	Ⓐ Ⓑ Ⓒ Ⓓ	16	Ⓐ Ⓑ Ⓒ Ⓓ	26	Ⓐ Ⓑ Ⓒ Ⓓ
7	Ⓐ Ⓑ Ⓒ Ⓓ	17	Ⓐ Ⓑ Ⓒ Ⓓ	27	Ⓐ Ⓑ Ⓒ Ⓓ
8	Ⓐ Ⓑ Ⓒ Ⓓ	18	Ⓐ Ⓑ Ⓒ Ⓓ	28	Ⓐ Ⓑ Ⓒ Ⓓ
9	Ⓐ Ⓑ Ⓒ Ⓓ	19	Ⓐ Ⓑ Ⓒ Ⓓ	29	Ⓐ Ⓑ Ⓒ Ⓓ
10	Ⓐ Ⓑ Ⓒ Ⓓ	20	Ⓐ Ⓑ Ⓒ Ⓓ	30	Ⓐ Ⓑ Ⓒ Ⓓ

著者略歴

大里秀介 （おおさと・しゅうすけ）

現役サラリーマン。東北大学農学部応用生物化学科卒業。TOEIC® L&Rテスト990点（満点）を50回以上取得。TOEIC® S&Wライティングテスト200点（満点）取得。
30歳になった2006年から英語学習を開始して、2007年に730点を突破、当時の社内選考でイギリス留学を経験する。2012年からカナダに駐在勤務し、北米間にまたがる大ビジネスプロジェクトをTOEIC®で磨いた英語力を駆使して成功に導く。
著書に、『3週間で攻略TOEIC® L&Rテスト900点！』（アルク）、『TOEIC® L&RテストPart 2 応答問題 でる600問』（アスク出版）、「TOEIC® L&Rテスト 壁越えトレーニング」シリーズ（旺文社）、『極めろ！ TOEIC® L&R TEST 990点 リーディング特訓』（スリーエーネットワーク）、『TOEIC® L&R TEST パート6特急 新形式ドリル』（朝日新聞出版）、『TOEIC®テスト新形式完全攻略模試』（学研プラス）、通信教育に「TOEIC® LISTENING AND READING TEST 完全攻略900点コース」（アルク）があり、監修した書籍も含めると累計20万部以上の実績を誇る。

Twitterアカウント：@ToeicTommy1

濵﨑潤之輔 （はまさき・じゅんのすけ）

大学・企業研修講師、書籍編集者。早稲田大学政治経済学部経済学科卒業。
TOEIC® L&Rテスト990点（満点）を70回以上取得。
現在は、明海大学、獨協大学、早稲田大学エクステンションセンターなど、全国の大学で講師を務めるかたわら、ファーストリテイリングや楽天銀行、SCSK（住友商事グループ）、エーザイ、オタフクソースといった大手企業でもTOEIC® L&Rテスト対策の研修講師を務める。
主催するTOEIC® L&Rテスト対策セミナーはいつも満席になるほどの人気で、スコアアップだけでなく英語力も身につけたい多くの人たちに支持されている。
著書に、『TOEIC® L&Rテスト 990点攻略 改訂版』、『TOEIC® L&Rテスト 目標スコア奪取の模試』（旺文社）、『聞くだけでTOEIC® TESTのスコアが上がるCDブック』（アスコム）、『はじめて受けるTOEIC®テスト パーフェクト入門』（桐原書店）、「TOEIC® L&Rテスト壁越えトレーニング」シリーズ（旺文社）などがあり、監修した書籍も含めると累計60万部以上の実績を誇る。

ブログ：独学でTOEIC990点を目指す！：http://independentstudy.blog118.fc2.com/
Twitterアカウント：@HUMMER_TOEIC
Instagramアカウント：junnosuke_hamasaki

よりぬき！
TOEIC® L&Rテスト
飛躍のナビゲーター　Part 1-4

2020 年 11 月 28 日　初版　第 1 刷発行

著者	大里秀介 濵﨑潤之輔
発行者	天谷修平
発行	株式会社オープンゲート 〒 101-0051 東京都千代田区神田神保町 2-14 SP 神保町ビル 5 階 TEL：03-5213-4125　FAX：03-5213-4126
印刷・製本	株式会社光邦

ISBN978-4-910265-03-2
©2020 Shusuke Osato
©2020 Junnosuke Hamasaki

装丁	株式会社鷗来堂（川口美紀）
本文デザイン・DTP	株式会社鷗来堂
問題作成	株式会社 CPI Japan
編集協力	渡邉真理子
録音・編集	株式会社ジェイルハウス・ミュージック
ナレーション	Josh Keller（米） Rachel Walzer（米） Nadia McKechnie（英） Iain Gibb（加） David Mashiko（豪）